1億円かけて学んだ成功する人がやっていること

多保学
Tabo Manabu

日本実業出版社

はじめに

成功して人生を豊かにしたい、幸せになりたい――そんな願いを持つあなたに向けて書いたのが本書です。

本書のタイトルにある「成功する人」とは、ビジネスなどを通じて社会に貢献し、周囲から評価・信頼され、自分自身や家族も幸せな人生を送る人を意味しています。

「成功すること」は、「お金持ちになること」と思われがちです。しかし、本書には単なるお金儲けのノウハウは載っていません。なぜなら、単にお金持ちになるだけでは「成功」とは言えないからです。もちろんお金は大切ですが、〝お金は魔物〟と言われるように、目先のお金に執着する人は周囲から信頼を得られませんし、お金持ちであっても不幸せな人は少なくありません。

例えば、目の前に1人のお客様がいるとします。その背後には、そのお客様の家族や知り合い、さらにその知り合いなど、何人もの潜在的なお客様が存在しています。そこで目先のお金にこだわり、そのお客様に提供するモノやサービスに見合わない金額を請求して多くの利益を得たり、請求金額は妥当であっても付随するサービスや対応に満足してもらえなければ、お客様がリピーターになることはありませんし、家族や知り合いにおすすめすることもないでしょう。

つまり、継続的に得られる可能性のあった利益を失うことになります。

成功する人は違います。目の前のお客様に満足してもらえるよう最善を尽くすことで、そのお客様から信頼を獲得し、さらにそのお客様を通じて人脈が広がり、結果として大きな富を得ることにつながります。

実際、私がこれまでに知り合った成功者の方々は、初めからお金持ちになることを目指したのではなく、ビジネスなどを通じて社会に貢献し、その結果としてお金持ちになっている人が数多くいます。

したがって、成功するために大切なことは、お金儲けのノウハウではなく、こうした成功者が実際に行っている思考方法や行動習慣を知ることです。

私は現在、さいたま市で歯科医院を経営する歯科医師です。皆に驚かれるのですが、開業した10年前は何と貯金ゼロでした。

そこから借金をして努力し、現在の状態を築きました。２０２５年現在は、グループ全体で年商12億にまで事業を伸ばしています。これが実現できたのは、すでに成功した人々の思考や行動を徹底的に学び、実践してきたからです。

そのために、様々な自己啓発セミナーや経営者の勉強会などに積極的に参加し、成功本を毎月何冊も読むなど、多くの時間とお金を費やしてきました。これまでに自己投資した費用は、優に1億円を超えています。


本書は、私がこのように長年にわたって成功した人々から学び、実践してきたことを基に、成功する人々に共通する思考や行動習慣を集大成したものです。

多くの成功者に共通し、私自身も実践している「思考法」「行動習慣」「健康法」「お金の使い方」「時間術」「勉強法」「コミュニケーション術」について、70項目を挙げて説明しています。

本書で紹介している言葉の中には、これまでに一度は聞いたことがあるものもあると思います。ですが、その内容には重要な意味があり、人生を好転させる多くのヒントが詰まっています。幸せな人生を送りたいと心から願うのであれば、本書を読み、今までの生き方をそのまま続けるだけでは意味がありません。

まずは、本書で気づきを得た項目からすぐに実践してみることをおすすめします。

各項目の終わりには、すぐに実践できる具体的な行動を「今日から行動」として載せました。読んでみて「やってみたい」「自分でもできそうだ」と思った項目があれば、1つでも2つでもいいので、ぜひ行動に移してください。

実践するのが難しいと感じる項目ほど、大きな教訓があると思います。そこから何かを学び取るまで、苦しいかもしれませんが実践してみてください。

とくに「思考方法」は、その内容が深く心に刻み込まれるまで、何回も繰り返して読み、実践してください。それを継続すれば、きっとあなたの人生も好転するはずです。

なお本書は、成功を目指すビジネスパーソンはもちろんですが、自分の子供たちに宛てて書いたものでもあります。親であれば子供たちの成功を願うのは当然のことですよね。私は、この成功者の思考方法と行動習慣を理解できれば、誰でも必ず人生が好転すると信じています。

1人でも多くの方の人生が好転していくことを切に願っております。

さあ、人生の新しい扉を一緒に開けていきましょう。

2025年1月

多保　学

1億円かけて学んだ成功する人がやっていること ◉ もくじ

第2章 Doing

成功する人が、常にやっている「非常識な行動法則」

第3章 「健康」を制する人が、成功を制する

Doing

第4章 成功する人の、未来を変える「お金」の使い方

Doing

第5章

成功を呼び込む人の、限りある「時間」の使い方

Doing

第6章 Doing

成功をつかむ人の、成長を加速する「勉強法」

第7章 Doing

成功者が自然にやっている、人と繋がる「コミュニケーション術」

Column

カバーデザイン／山之口正和＋中島弥生子（OKIKATA）
本文組版／一企画
企画協力／ネクストサービス株式会社　松尾昭仁

第1章

誰でもできる、
成功する人の
「シンプルな思考法」

Chapter 1

Doing 1

素直に「謙虚」さを持ち続ける

私が知っている成功者のほとんどは、素直で謙虚です。

ある上場企業の創業社長と酒席をご一緒したことがあります。その時、たまたま私の会社の若手社員が同席したのですが、その社員を誰よりも気遣っていたのが、社長でした。

何千人もの社員を抱える会社の社長が、うちの若手に「君は飲めばいいんだよ」と言ってお酒を注文して注いだり、刺身を取り分けたりするのです。当社の社員は「やめてください。私がやります」と言いましたが、「いや、これは僕の仕事だから、君はやっちゃいかん」と止められてしまいました。

その社長の振る舞いに衝撃を受けた私は、「なぜそこまでするのだろう?」と思いましたが、そのような行動が自然とできるからこそ、その人が成功したのだろうと思いました。

人は少しでも成功すると、周囲からちやほやされて天狗になりがちです。しかし、そこで天狗になってしまうと成長は止まります。**「Good」の状態から、それ以上の「Great」**

になるためには、天狗にならず、素直に謙虚に生きなければいけません。

素直に謙虚に生きることを忠実に実践されていたのが、京セラや第二電電（現ＫＤＤＩ）を創業した稲盛和夫さんです。稲盛さんは、毎日寝る前に必ず、その日の行いの中で悪かったことを反省するようにしていたそうです。

前述の社長さんに、その素直で謙虚な姿勢をどこで学ばれたのか尋ねたところ、やはり稲盛さんが塾長の「盛和塾」の塾生でした。「盛和塾」とは稲盛さんから人生や経営の哲学を学ぶ場所だったそうです。

その方は「盛和塾」で、稲盛さんから学び、素直に謙虚に生きるようにしているとのことでした。また、稲盛さんと同じように、毎夜、必ず反省をしてから寝るようにしていると仰っていました。それ以来、私も寝る前に必ず、その日の反省を一言日記に書くようにしています。ベッドサイドに一言メモできる手帳とペンを置いています。

ここでのポイントは素直に謙虚に反省することです。**人は反省することで成長をします。**

３６５日反省していたら、成長できそうだと思いませんか。

今日から行動

毎晩、その日の反省をノートに書く

Doing 2

「ありがとう」をもらっている

わが家では、子供たちに「『ありがとう』をもらう達人になりなさい」と教えています。人から「ありがとう」と言ってもらえるようなことが何かできないか、常に考えて行動できる人になってほしい、との願いからです。

そして、「ありがとう」をもらう達人になったら、次は「『ありがとう』を言える達人になりなさい」と言っています。これは、自分のために何かをしてくれる人たちへの感謝の気持ちを忘れないようにし、常に謙虚を保ちなさい、ということです。

子供たちと一緒にお風呂に入る時はいつも、今日は「ありがとう」を何回言われたか、そして「ありがとう」を何回言えたかを聞いて、意識させるようにしています。

なぜ、こんなことを教えるかというと、**「ありがとう」の数は信用に繋がる**からです。

そして、その信用こそがお金に繋がります。大事なことですが、この信用＝お金なのです。

ビジネスでも、世の中に大きなインパクトを与えることで「ありがとう」の数を多くもらえた人が成功しています。

例えばラーメン屋さんであれば、おいしいラーメンを提供した数だけ顧客から「ありがとう」と言ってもらえます。お店が一店舗だけなら、1日にもらえる「ありがとう」の数は限られます。しかし、チェーン店やフランチャイズなどを展開すれば、よりたくさんの「ありがとう」をもらうことができます。結果として、その分だけ信用が貯まり、お金がその人に返ってくるのです。

私の周りの成功者は皆、このようなたくさんの「ありがとう」をもらう仕組みを築いています。そして、どんなに些細なことでも、また自分より下の立場の人に対しても、例外なく「ありがとう」と言います。これは常にどんな人に対しても感謝を忘れずに謙虚でいる証拠です。その結果、多くの人がついてくるのだと思います。

あなたも今日から、**「ありがとう」をもらう達人、「ありがとう」と言える達人になる**ことを意識してみてください。

そうすれば、きっと自然に成功者マインドができてくるはずです。

今日から行動

「ありがとう」をもらう行動をする

Doing 3

人を大切にする

私がとても尊敬する人物に、歯科医院、介護施設、保育園などを多角的に経営されている方がいます。この方から教わったのが、**「自分の大切な人の大切な人を大切にする」**ことです。

自分の大切な人を大切にするのは普通ですが、さらにその先を行け、ということです。いつも忙しい現代人は、自分の大切な人でさえ、なかなか大切にできていないのが実際だと思います。

かくゆう私も、自分の大切な人さえ大切にできていなかった時期があります。忙しいのを理由に、一番大事なことを忘れていました。

この方と出会い、「自分の大切な人の大切な人を大切にする」この言葉が自分の心に突き刺さりました。今では私の大好きな言葉です。常にこの言葉を意識しています。

例えば、自分の大切な人が妻であれば、妻が大切にしている人、例えば妻の親兄弟や友人などを大切にします。

また、私のように経営する医療法人の勤務医の先生が大切な人であれば、その人の大切な人である彼ら彼女らの家族を大切にします。

これを徹底すると、**より多くの人に気を配るようになるため、自分の心の器が大きくなります。**そして、自分の周りにいる大切な人たちの幸福度が高まり、その幸福を自分ももらうことができます。

自分の大切な人を大切にするだけでなく、大切な人の大切な人を大切にするほうが、さらに幸せ度が増すということです。

私も大切な友人の家族や従業員の家族をお祝いするなど、大切な人の大切な人を大切にするようにいつも心がけています。

今日から行動

「大切な人の大切な人」を大切にする

Doing 4

「大欲」を持っている

高級時計が欲しい、ポルシェが欲しい、豪華な住宅が欲しい――こうした欲は、自分志向の「小欲」です。それに対して、世の中に焦点を当てて、「人々が困っていることを解決したい」といった、大勢の人を喜ばせる欲が「大欲」です。

小欲を満たしても「ありがとう」はもらえませんが、大欲を満たすと「ありがとう」をたくさんもらえます。「ありがとう」をたくさんもらえることを考えて実現すると、自分も恩恵を受けることができ、必然的にお金が入ってくるようになります。

私の場合で言えば、地域の人々のために、「ゆりかごから墓場まで」一貫して対応できる歯科医療のシステムをつくりました。全国でもそういう例はありませんでした。

複数の医院を展開する例は数多くあっても、それは一般的な歯科医療を小規模で提供するエリアを広げているだけでした。0歳から成人、そして高齢者の訪問診療と、患者さんを生涯にわたって総合的にケアできる環境を用意したことで、地域の皆さんに喜んでいただいています。

小欲に惑わされているうちは、自分の成長は止まってしまいます。私の師匠の言葉に「GoodはGreatの敵」というものがあります。少し儲かると、自分の欲を満たすためにお金を使ってしまう方がほとんどです。これは自分に心が向いています。そのため、この思考の人はみなGoodで終わります。

Greatになるには、人々や業界が困っていることに目を向けることが大切です。ポイントは「徹底的な外部思考を貫き通す」ことです。自分に軸がある内部思考ではなく、外部思考そのものが大欲に繋がるのです。お客様や業界、そして世の中の人々は何に困っているのか、この考えこそ外部思考です。

自分が儲かるために何を売りたいか、などと考えているうちは二流でgoodで終わってしまいます。

すべてにおいて**外部思考の考えの中にこそ、ビジネスチャンスがある**のです。

私が新しいビジネスを考える時は、いつも外部志向です。すると、面白いアイデアが出てきます。新たに始めたオンラインサロンやコンサル事業もその1つです。世の中の歯医者さんたちの中には、経営を知らないために医院の経営に困っている人が多くいます。

ということは、経営についてちゃんと教える人間がいれば、その歯医者さんたちは幸せになれますし、業界全体が良くなります。

さらに、私たちが行っているような子供から高齢者までの歯科医療システムが各地で増えれば、世の中の人たちも幸せになれます。このように業界や世の中が良くなれば、自分たちもその恩恵を受けることができるのです。

今日から行動

お客様や業界、世の中の「困りごと」に目を向ける

Doing 5

「利他」の心で行動する

友人に約３００人の部下を持つ開業歯科医がいます。彼は歯科医院だけでなく、様々な事業を行っています。そのため、事務や物流のプロ、ＩＴエンジニア、ウェブデザイナーなどなど、多様な人材が彼のもとで働いています。

彼の強みの１つは、部下からの信頼がとにかく厚いことです。彼を信頼する部下たちと一緒に、数々の事業を実現させています。

例えば、彼の事業の１つに、歯科医院用の自動精算機の開発・製作・販売があります。歯科医である自身の経験を活かし、歯科医院のニーズに応える精算機を開発しているのです。

もちろん、本人に開発や製作に必要な知識や技術はありません。そこで、必要な分野のスペシャリストを徹底的に集めて、独自の自動精算機の開発・販売を実現しました。

その自動精算機の特長の1つに、毎回の診療ごとの満足度を調査する機能があります。

部下がたくさんいると、各プレーヤーが患者さんからどのように思われているのかを把握することが難しくなります。毎回、診療後に該当するボタン（満足度を表すニコちゃんマークボタン）を押してもらうことで各プレーヤーや各診療内容の患者さんの満足度がわかり、経営者にとっては痒いところに手が届く機能です。まさに現場で働く歯科医師が開発しているからこそできた自動精算機です。

歯科医師であるのに、自分の思い描く自動精算機を開発・販売までしてしまう。こんなことが実現できる歯科医師は、そうはいないでしょう。

彼はなぜ部下からの信頼が厚く、多彩な事業を展開できるのでしょうか。秘密は、彼の経営姿勢にあります。

その姿勢が最も良く表れているのが、乗っている車です。彼自身はトヨタのプリウスに乗っているのですが、会社のために頑張ってくれている部下は、感謝の気持ちを込めてベンツなどの高級車に乗せています（社用車です）。

彼は、**自分の利益ではなく、他人の利益を第一に考えて行動している**のだと思います。つまり、利他心を育てているのです。利他心を大切にすることによって、結果的に自分のところに利益が回ってくる、**「先義後利」**という考え方を徹底しているのです。

先義後利とは、中国の故事に基づいた言葉で、「道義を優先させ、利益を後回しにすること」（『新明解四字熟語辞典』三省堂より）という意味です。この姿勢を大事にしているからこそ、多くの人が彼についてきて、様々な事業の成功に繋がっているのではないかと思います。

今日から行動

自分のことは後回しにする

Doing 6

悩んでも仕方がないことに悩まない

何事もうまくいく人は、悩んでも仕方がないことには悩みません。例えば、起きてしまった出来事に対していくら悩んでも、起きてしまった事実は変わりません。そういう時は悩まず、自分でコントロールできることに集中するのです。

私の場合、どんなに悩んでも1日だけです。一晩寝たらスッキリ忘れてリセットします。

友人に、ものすごく成功している歯科医がいます。彼は複数のクリニックを経営していますが、そのうちの1つのクリニックが火事になったことがあります。軽いボヤで、人的被害がなかったことは不幸中の幸いでした。

その翌日にたまたま彼に会う用事がありました。事件の翌日なのに、落ち込んだ様子はなく、「しょうがないよね。人が亡くなったり怪我をしたりしなくて、本当によかったよ。燃えたものはまたつくればいい」とあっけらかんと笑っていました。その上、火事の様子が撮影された動画を見せてくれ、「こんなふうに燃えたんだよ」と言っていました。

その時、私は「この人にはかなわないな」と思いました。私だったらとても笑えない状況で、何事もなかったように笑い飛ばしてしまうのです。テレビで放送されるような火事が、自分のクリニックで起きて、翌日まったく気にしていないというのは、なかなかできないことだと思います。

くよくよしたところで、起きてしまったことは元に戻りません。もし、それが何かに失敗したのであれば、その失敗から成長するために何ができるかを考えます。悩んでも変わらないことで、悩む時間ほど無駄なものはありません。ウジウジしているくらいなら、すぐに行動すべきです。


もし、家族がガンになったとしたら、悩んでも仕方がありません。専門家に聞いたり、自分で調べるなどして、最良の病院を探しはじめたほうがいいですよね。**成功する人は、起きてしまった事実は受け入れた上で、自分にできることを考える**のです。

自分で変えられないこととは、コロナ禍になったとか、大震災に被災したとか、家族が病気になったなどがあります。

また、人間関係であれば、会社の同僚の性格が嫌だとか、誹謗中傷してくる人がいるなども、自分では変えられないことでしょう。

他人の性格や環境の変化に悩んでも、何も変わりません。この事実を受け入れ、最善策として自分で何ができるかを常に考え、立ち止まる時間を極力少なくするのが成功者の習慣です。環境や他人のせいにしているようでは、この考え方はできません。

悩んでも仕方ないことに悩むのではなく、自分にできることを考え、それに集中することが最短で解決をもたらします。

今日から行動

自分でコントロールできることだけを考える

Doing 7

他人は他人と割り切っている

お金持ちの世界は、上を見ればキリがありません。

何十億、何百億という資産を持っている人もいますし、相続で莫大な財産を受け継いだ人もいます。

そういう人を見ると、「ずるいな」と思ったりしませんか？　私自身も父親は開業歯科医で比較的恵まれた家庭に育ったので、もしかすると「ずるい」と思われているかもしれません。

しかし、人と比べることに意味はありません。人はそれぞれ違った悩みを抱え、生き方も異なります。

いくら嫉妬をしても自分も親も変わりませんし、何も生まれません。妬みに頭を使う時間ほど、無駄な時間はありません。いくら資産を持っていようと、不幸なお金持ちは世の中にいっぱいいます。ですから、**自分は自分と割り切り、「自分だけの使命」は何かを考えることが大切**だと考えています。

歯科医院の院長先生は9割くらいが、目の前の患者さんをどう最善に治療するかを考えている「技術者」で、事業をどのように営んで社会にどう貢献するかを考えるような「経営者」タイプはわずかしかいません。

経営者と技術者の二足のわらじを履いている私のような人は、医療業界では珍しい存在です。

つまり私は、歯科医師として独自の道を歩んでいるわけです。

臨床の技術は一流で歯科医師からは一目置かれ、経営者としても一流を目指したいと本気で思っています。わかりやすく言うと、大谷翔平選手のような二刀流を目指しているといったところでしょうか。

歯科医師は技術者の集まりなので、経営を追求すると「金儲けに走った」と言われたりします。

しかし、そう思われてもまったく気にしません。自分のやっていることは他人にどう言われようが、お金儲けのためにやっていることではないからです。

■ 私の「40代の10カ条」■

1. 素直に謙虚に生きる

2. 嫌なことはやらない

3. 家族との時間をつくる（週１回）

4. 他人は他人と割り切る。嫉妬しない

5. 自分オリジナルの道を切り拓く

6. 自分と家族の健康を第一と考える

7. 価値のある物にしか時間とお金を使わない

8. 愛の選択をする。どうしたら楽しくなるか？
他人に任せられるか

9. 人に何を与えられるか？　常に問う

10. 自分は何のために生かされているのか？
常に問う

自分だけの使命とは、地域の人たちのために世の中にないような医療のハブ（中心）をつくること、そして歯科業界に対しては1人でも多くの院長先生に経営者マインドを持ってもらうことだと考えています。

私は10年ごとに、「○○代の10カ条」という生き方の決意を立てて実践しています（前ページ参照）。その中の1つに、「他人は他人と割り切る。嫉妬しない」を入れています。他人に嫉妬せず、自分特有の使命を考えることが、成功するための近道です。

今日から行動

自分だけの特別な「使命」を考える

Doing 8

自分の仕事を愛している

ビジネスでも会社経営でも、成功するために最も重要なことは、まず「大好きな仕事」を見つけることだと思います。

私の場合は、歯科医師の父や医師である姉の姿を見て、人を助けて「ありがとう」と言ってもらえる仕事は素晴らしいと思い、歯科医師を志しました。だから私は、この仕事が大好きです。

患者さんから診療後に「ありがとう」と言われるたびに、嬉しくてたまりません。

自分の仕事を愛せない人は、資産を築くことも成功することもできません。自分の力で財を築こうと思えば、当然、人生のあらゆる側面に仕事が影響を与えるはずです。人生の大半は仕事をして過ごすことになります。それだけに、自分の仕事を愛せるかどうかが、成功の鍵を握っています。

仕事を愛するということは、その仕事に没頭できたり、夢中になれるということです。退屈でつまらない仕事や、まったく興味のない仕事に就いて、お金を稼ぐために時間と労力を使っても、辛いばかりで恐らく成果には結びつかないでしょう。

ひどい場合は病気にすらなってしまうかもしれません。それでは、自分の時間と労力を無駄にしている可能性があります。

成功する人は努力を惜しみませんが、それだけ努力できるのも、仕事を愛しているからこそです。

大好きな仕事をしていると、時間を忘れていることはありませんか？　いつの間にか夜中になっていた、朝を迎えていた…なんてことを経験したことがあると思います。

また、大好きな仕事をしている人たちは、仕事の時間とそれ以外の時間がきれいに分かれていません。

常に仕事をしていても、それが苦ではないため、何とも思わないわけです。

昨今よく言われるワーク・ライフ・バランスを気にしているようでは成功できません。誤解しないでほしいのですが、休みを取るなと言っているわけではありません。オフは人生を豊かにするために必要です。

現に私も普段全力で働いているので、３週間休みを取って家族と海外旅行に行ったりします。

ですが、頭の中でビジネスのことを完全に忘れたりはしません。何か良い発想が思い浮かんだら海外からでも社員とやりとりします。重要なのは、**成功する人たちは、恐らくオンもオフも関係なく、四六時中ビジネスのことを考えている**はずです。

本当の幸せとは、自分の大好きな仕事をしながら成功することです。人生の大半の時間を割くわけですから、自分の仕事を愛することは非常に重要だと思います。

今日から行動

とことん愛せる仕事を見つける

Doing 9

毎日の積み重ねを意識する

「投資の神様」と呼ばれるウォーレン・バフェットは、10代で投資を始めましたが、現在保有する資産の9割以上は60歳を過ぎてからのものだそうです。それは「複利」の効果によるものです。

複利とは、投資によって得た利益を元本に加えて再投資することです。これを繰り返すと、利益に対してさらに利益がつくため、長期にわたって運用すればするほど資産が増えていきます。

私たちの成長も投資と同じです。

例えば、**毎日1%の成長を1年間続けるとしましょう。初日は、元の1に1%＝0・01を加えて1・01、2日目は1・01の1%＝0・0101を加えて1・0201……という具合に365日続けていくと、実に37・78倍になります。**この努力を積み重ねていけば、年齢を重ねるごとに成長のスピードが速くなり、桁違いに大きく成長することができます。

１日の中で何か昨日よりも成長できることはないか。どんな成長でもよいと思います。大事なのは、何かを反省し改善する意識です。これを考え続けていくと、努力を意識しない人と比べて初めは微々たる差かもしれませんが、10年後にはもう追いつくことのできない差がついてしまいます。

この考え方になったのは、株式投資を始めて複利の力を理解してからです。私が株式投資を始めたのは２０１９年です。私も、実はまだまだ毎日１％の努力を意識しはじめて日が浅いのです。それでも毎年、自分自身は成長しているのを感じています。

皆さんも、複利による将来の大きな成長を楽しみに、１日１％の努力を続けていきましょう。今日が皆さんにとって一番若い日なのですから。

今日から行動

毎朝、昨日より成長する行動を決めて実践する

Doing 10 神様にお願いをしない

お正月に初詣などで神社に行く人は多いと思います。その時、神様にお願いをしていませんか？

山小屋を経営する会社社長の友人によれば、**神様にはお願いをするのではなく、まず感謝をして、誓いを立てるもの**だそうです。これは、優秀な経営者の間では常識のようで、初めてこのことを聞いた私は正直驚きました。

よく「神頼み」などと言われますが、神様にお願いなどはしてはいけないのです。まずは神様に毎日の充実した日々や、生きていられる感謝を述べ、なりたい自分や将来をイメージし、いつまでに自分はどのようになります、と誓いを立てるそうです。

神様に誓いを立てることで、**誓いが将来の行動へと繋がり、結果として成就させることができる**というわけです。優秀な経営者は神様にまで他責ではなく、自責の念を忘れていないということです。

また、**優秀な経営者の多くが、例外なくご先祖様を大切にしています。**もちろんご先祖様がいなければ、私たちはこの世に存在していません。ですから、皆さん毎年お墓参りに行き、ご先祖様に感謝するのです。

そして、やはりここでも将来の誓いを立てます。ご先祖様への感謝と将来への誓いは、我々の行動を後押しすることに繋がります。

私の場合、多保家の先祖のお墓は広島の離島にあり、移動に丸1日かかるので頻繁に行くことができません。それでも、歯科医師になった時や開業した時など、節目の時には必ず行き、感謝と誓いを立てるようにしています。

今日から行動

神社や墓参りでは感謝をして誓いを立てる

Doing 11

2つを掛け合わせて考える

どんなビジネスでも、何か1つの技術を極めることは、成功するために不可欠です。しかし、1つの技術を極めただけで成功者になるのは難しいです。なぜなら、その技術を極めた人は他にも大勢いるからです。1つの技術だけでは競合の多いレッドオーシャンから抜け出すことはできません。

では、レッドオーシャンから競合の少ないブルーオーシャンへと抜け出すにはどうすればよいでしょうか。周囲の成功者を見ると、**自分の得意な技術に他の技術を掛け合わせることでオンリーワンの存在になり、レッドオーシャンをブルーオーシャンに変えている人が多い**のです。

例えば、私のいる歯科業界は典型的なレッドオーシャンで、全国にはコンビニエンスストアの数を約1万1000も上回る約6万7000軒もの歯科医院が存在しています（2

０２４年）。

多くの歯科医師が苦労する理由は、一般歯科診療という1つの技術しか追求してこなかったからです。そのため私は、一般歯科診療だけでなく、歯周病専門医として知識・技術を突き詰め、日本歯周病学会の認定研修施設として、医療従事者を育てる教育機関にすることで、さいたま市内に何百カ所とある歯科医院の中で1〜2カ所しかない独自の存在になっています。

さらに新たに、歯科開業医を対象とした技術と経営のオンラインサロンを始めました。歯科技術だけをテーマにしたサロンはすでにありますが、そこに経営の要素を加えたものはほとんどありません。2つの要素を掛け合わせることで、オンリーワンを実現しています。

友人で元サッカー日本代表の鈴木啓太さんも、自分の専門技術に他の技術を掛け合わせたオンリーワンな存在の一人です。現役時代から引退後のキャリアを考えてきた鈴木さんは、現役引退と同時に、アスリートとしての知識と経験をもとに、腸内環境に着目したヘルスケア・ビジネスを立ち上げました。

腸内細菌の研究をするためには、人間のうんちを分析する必要があります。

日々のパフォーマンスを最大限に発揮するアスリートと、普通の生活をしている人とでは腸内細菌の数や分布が違うのではないかという仮説から、アスリートたちの腸内細菌を一般の人に取り入れることにより、免疫力などが上がるかもしれないと考え、うんち採取を始めたそうです。

もし鈴木さんが名声のないただの起業家であったなら、いきなり有名アスリートたちのうんちを集めるのは極めて困難であったと思いますし、自分自身がアスリートだったからこそのアイデアで立ち上げた事業だと思います。

今では様々なアスリートの腸内細菌を収集して研究を重ね、その成果を基に人々の健康に寄与する事業を展開しています。**1つの技術をただ極めるだけでなく、他の技術を掛け合わせることでオンリーワンを目指す。**それが成功するための近道なのです。

今日から行動

自分の専門にプラスできる何かを探す

Doing 12

自分の得意分野に集中する

成功する人がビジネスをする上で重要視するのが「ニッチ」です。ニッチとは「隙間《すきま》」のことで、まだビジネスとして確立していない分野を意味します。**お金を稼いでいる人たちの多くは、自らの強みとなるニッチな分野をつくり出し、同時に不得意なことは他人に任せる仕組みをつくっています。**

コンサル業界でいえば、歯科医院の経営に詳しいコンサルタントはたくさん存在しますが、歯科医師でありながらコンサルタントを行う私はニッチな存在です。通常のコンサルタントは、実際には歯科医院を経営しているわけではないので、アドバイスの重みが違います。

一方で、患者さんとのトラブルや従業員の労務問題は社会保険労務士、税金などは税理士・会計士、法的な問題は弁護士など、分野ごとにスペシャリストに任せています。不得意なことはとことん他の人に任せることによって、自分自身が得意なことに専念することができます。

歯科医療でニッチな分野といえば、小児歯科専門医院です。小児歯科のみを専門としている歯科医院は非常に少ないのが現状です。

その理由として、子供の患者さんは「なかなか言うことを聞かない」「泣く」「騒がしい」「保険点数が低い」といったことが挙げられます。

私はここがニッチだと思い、子供たちのための小児歯科専門医院を開設しました。

私たちの不得意な部分は、どうしても言うことを聞いてくれず診察ができないお子さんや、複雑な矯正治療が必要なお子さんなどへの対応です。この場合、ここを得意とする大学病院などに紹介するようにしています。まさに不得意な分野は徹底的に他人に任せ、得意なことに集中する仕組みです。

尊敬する方で、ニッチな分野で大成功した経営者がいます。

彼は、建設現場で使う足場などの仮設機材をレンタル会社に貸し出す「卸レンタル」を行う会社の経営を、創業者から引き継ぎました。それまで、その会社は先代の社長が幅広い機材を取り扱っていました。

建設現場で使う足場などの仮設機材は大きく分けて室外足場系機材と室内足場系機材に分けられるそうです。友人は機材の稼働率と利益率のバランスを熟考し、稼働率が低いため他社ではあまり取り扱わない室内足場系機材に特化することで、利益の出せる体質をつくりました。

そして拠点を全国展開することで、室内足場系機材では業界最大規模の卸レンタル会社に成長させました。取り扱う商材をニッチな分野に絞り、それ以外の分野は他社に任せることで成功したケースといえます。

自分の強みになりそうな、あるいは夢中になって取り組めそうなニッチな分野を探してみましょう。

今日から行動

自分の強みを活かせるニッチを探す

Column

心の距離を縮めるファーストネーム

日本では、ビジネス上の付き合いで、お互いをファーストネームで呼び合う習慣はほとんどありません。

ところが、友人の一人に、どんな人に対してもファーストネームで呼びかける人がいます。

職場のスタッフにはもちろんのこと、ついさっき知り合ったばかりの人もファーストネームで呼びます。相手の地位や経済力にかかわらず、です。呼ばれた人は最初びっくりしますが、その友人の人柄もあってか、なぜか許容されてしまうところがあります。

ファーストネームで呼ぶメリットは、相手との心理的な距離を圧倒的に縮め、リラックスした雰囲気をつくり出せることです。

その友人は、こんなテクニックも持っています。

学会の場などで誰かから「お久しぶりです」と挨拶をされた時に、相手の名前を思い出せないことがあります。そんな時、友人は相手に「お名前、何でしたっけ？」と聞くのです。相手は当然、「佐藤です」などと名字で答えます。するると、『佐藤』はもちろん知っていますよ。そうじゃなくて、僕が聞いているのは下の名前ですよ」と言うのです。

私の推測では恐らく、彼は相手の名字を忘れています。しかし、そう尋ねることで、忘れていることを相手に感じさせずに、名前を聞き出すことができるのです。

その友人を見ていると、呼び方ひとつで相手とのコミュニケーションがこんなにも変わるのだなと感心します。名前の呼び方は、相手との関係を円滑にするための立派なツールになるのです。

とはいえ、ビジネスにおいて相手をファーストネームで呼ぶことは、まさに非常識と言っていいでしょう。なかなか真似できませんが、私も年を取って、もう少し器の大きな人間になれたらやろうかな、と思っています。

第2章

成功する人が、
常にやっている
「非常識な行動法則」

Chapter 2

Doing 1

普通の人と逆の行動をする

株式市場では、10年に一度くらいの間隔で「○○ショック」と呼ばれる暴落が起こります。直近ではコロナショック、その前にはリーマンショックがありました。

世の中のお金持ちたちは、このような株価が暴落した時こそ株を買います。なぜなら、株のバーゲンセール状態だからです。そのために、平常時はキャッシュ（手元資金）を債券などで運用しています。一般的には株と債券は逆の動きをしますから、暴落時にうってつけなのです。

株価が暴落する時は、機関投資家がポートフォリオのリバランスのために株を売ります。その一時的な株価の暴落に焦って個人投資家も売るので、さらに株価は下がります。

また株式投資には信用取引というものがあります。この信用取引を行っていた個人投資家に追証《おいしょう》（追加保証金）の差し入れ義務が発生しますので、さらに雪だるま式に株価は下がります。

「頭と尻尾はくれてやれ」という有名な相場の格言があります。

投資は最安値（底）で買い、最高値（天井）で売るのが理想ですが、現実にはほぼ不可能です。そのため、天井（頭）や底値（尻尾）で取引しようと思わず、近いところで手を打て、という意味です。普段から相場を見ていれば、明らかに株価が安いタイミングは大体わかるものです。

この格言にならい、株価が大暴落したタイミングで買い増すのです。普段の相場から大きく下げた価格で購入できますから、〇〇ショックが落ち着いて株価が戻ってくると、大きな利益が実現します。

ポイントは、皆がやっていることと逆の行動をすることです。そうでなければ大きく儲けることはできません。皆がピンチと言っている時こそ大チャンスなのです。

ちなみに、私の場合は有価証券は手堅いものしか買いません。個別株はほとんど買わず、ポートフォリオの8割は投資信託です。〇〇ショック時でも投資信託を買い増します。投資信託は、「eMAXIS Slim　全世界株式」や「eMAXIS Slim　米国株式」などのインデックスファンドがメインです。

ほとんどの場合、このような投資信託の場合、価額は時間をかけて戻っていきます。

損をする可能性のある金融商品の場合は、初めから損をしてもいいという前提で購入します。これは、どちらかというと投資ではなく投機として考えます。

そのため、毎日相場の価格を見ながら相場感を養うことは重要です。

逆に、昨今のようにＮＩＳＡ（少額投資非課税制度）の新制度が始まり、市場がやや過熱気味な時には、あまり買いません。通常時は長期的にドルコスト平均法で愚直にインデックスファンドを積み立てているだけです。

私の場合、投資信託などは、基本的に長期保有が大前提ですので相場の乱高下はあまり気にしていません。しかし、ポイントは皆がろうばい売りするようなタイミング、つまり過度に株価に動きがある時に、買い増せる勇気があるかどうかです。

今日から行動

多くの人と逆の動きをする

Doing 2

普段は同じ服を着る

成功者や富裕層は普段からファッションを意識していると思われるかもしれませんが、実はそうとは限りません。

メタ（旧フェイスブック）のマーク・ザッカーバーグ氏やアップルのスティーブ・ジョブズ氏は、いつも同じ服装をしていたことで知られています。同じような人は私の周りにもいます。実は私も同じで、同じ服を3～4着用意して着回しています。

なぜかというと、多くの成功者は経営や投資判断など、常に何らかの決断を迫られているため、それ以外の決断に労力を割きたくないのです。そのため、**いちいち服装について考えなくてすむように、普段は決まった服を着ています。**

私の場合で言えば、普段はほぼユニクロです。ユニクロは価格もお手頃で生地もしっかりしています。

ただし、**講演などで人前に出るような時は別**です。そういう時に着用するシャツ、スーツ、靴は、すべて自分の体型にフィットしたオーダーメイドのものを用意します。この場合にはお金を惜しみません。

例えば、一流の職人に依頼したビスポーク（オーダーメイド）の靴は80万円ほどしました。

その靴はオーダーしてから2年間待ちました。その間に1回、シンデレラのガラスの靴のような透明の仮靴を職人さんがつくってくれ、靴への足のあたりを確認するために、その靴を履きながら５００ｍくらい職人さんと一緒に歩きました。

完成した靴は自分の足にぴったりフィットして、足が痛くなることもありません。そのため一生履くことができます。

靴の底を張り替えるだけで一生涯使えるのですから、そこそこの靴を何足も買うよりだいぶ投資効率が良いと思います。

また、人前で話す機会が多いので、スーツやワイシャツにもお金をかけます。オーダーのスーツやワイシャツは自分の好みの生地やボタン、着こなし方も選べます。プロの店員さんとじっくり話をしながら最高の一着をつくってもらいます。体型さえ変わらなければ、これも長く使うことができます。
良いスーツやワイシャツは、見る人が見れば一発でわかります。一流の方が仕立てたオーダーのスーツを着て自信をつけましょう。

今日から行動

同じ服を何着か用意する

Doing 3

夢リストを書いている

夢は、思い浮かべない限り実現させることはできません。思い浮かべれば、その夢に到達するように自分の行動が変わっていきます。

そこでおすすめするのが、自分の夢を１００個、思いつくままに書き出してみることです。夢は突拍子もないものではなく、条件さえ揃えば実現可能なものがよいでしょう。「世界一周旅行に行く」「豪邸を建てる」「ロールスロイスを買う」といった夢でも構いません。

ポイントは、**できるだけ具体的に書く**ことです。

例えば、やせたいのであれば、「やせる」ではなく、「70キロの体重を60キロにする」など、数字を入れて具体的にします。

そして１００の夢リストができたら、いつまでに実現するか、期限を決めます。すると行動を起こしやすくなります。

例えば、「起業して○年後に年商1億円にする」という夢なら、逆算することで1年間にやるべき行動が決まってきます。

夢を立てたら期限を決めて、そこから逆算して、この1年でやること、この1か月でやること、というように分解して目標を立てていき、少しずつステップアップしていくのです。スモールステップで目標を立てたほうが行動を起こしやすくなります。実際に私は、留学や資格取得もすべてこのように逆算することで実現してきました。

夢は数年後には変わるかもしれません。定期的にアップデートしましょう。年に1回、年末に夢リストのメンテナンスをすることをおすすめします。

夢リストは常に目に留まるようにすることが重要です。

友人の経営者たちは、スマホではなく手帳に書いて持ち歩いている人が多くいます。自分の手で書いて、夢に魂を込めているのだと思います。

ある人は、夢リストをトイレに座るとちょうど目の前になるところに貼っています。間違いなく毎日目に入り、そして家族に公言しているようなものなので、より達成確率は高くなるでしょう。

スマホの待ち受け画面を利用するのも有効です。例えば、「フェラーリに乗りたい」という夢だったら、その言葉と実現させる期限、そしてフェラーリの写真を待ち受け画面に載せておきます。

そうすれば、スマホを見るたびにフェラーリが目に留まるので、それを手に入れるためにどうすればいいか考え、そのために頑張ることができます。**自分の夢を毎日確認して、潜在意識に刷り込む**のです。

私は小学生の娘にも、目標を立てさせて家の目に留まりやすい場所に貼らせています。子供の頃から目標を立てて、それを達成させる癖をつけることは、生きる上で極めて重要だと考えます。

実現したいことをリストアップして達成していく癖をつけていけば、夢は次々にかなうようになります。

今日から行動

「夢」を毎日見える場所に貼り出す

Doing 4

人生100年カレンダーをつくる

「人生100年時代」と言われますが、100年という長い人生を普段から意識して過ごすことはなかなか難しいものです。そこでおすすめしたいのが、自分の生まれた年から始まる「人生100年カレンダー」をつくることです。

そこに、自分と家族の年齢やライフイベントを書き込んでいくことで、自分の人生を俯瞰しながら、今をどう生きればよいかを見つめ直すことができます。100年カレンダーは株式会社フロムページのホームページから購入が可能です。

私も、自分が生まれた1979年から始まる100年カレンダーを購入しました。すると、例えば、自分が歯科医院の経営から引退しようと考えている年の家族の年齢が一目瞭然になります。

「私が引退する頃には、上の子供はもう独立しているだろうな。下の子供はまだ学費がかかるな」といったことがわかります。

もちろん、誰もが100歳まで生きられるわけではありません。

厚生労働省によると、2023年の日本人の平均寿命は男性が81・09歳、女性が87・14歳です。さらに、「健康上の問題で日常生活が制限されることなく生活できる期間」である健康寿命は、2022年で男性72・57歳、女性75・45歳です。100年カレンダーに、自分が平均寿命と健康寿命に達する年を記入すると、その時の子供たちの年齢や、自分に残された時間があとどれくらいかがわかります。

私は、このカレンダーで、平均寿命や健康寿命を参考に自分の残りの時間を考えています。またこのカレンダーを見ながら、何年後にはどれくらいの資産が必要になるなど、子供たちの年齢を踏まえて、資産運用を考えています。

人生100年カレンダーをつくることで、自分のライフプランと共に家族のライフプランもしっかりと見えてきます。

なお、自分に残された時間をより切実に感じるには、平均寿命や健康寿命を1日（24時間）として、現在の年齢が何時何分かを換算する「人生時計」に置き換えてみるとよいでしょう（左ページ図）。

例えば、私の場合、男性の平均寿命81・09歳を1日とすると、1440分（24時間）

■ 日本人の「平均寿命」と「健康寿命」■

◉平均寿命（2023年）
男性…81.09歳　　女性…87.14歳

◉健康寿命（2022年）
男性…72.57歳　　女性…75.45歳

■ 人生を24時間とした時の「人生時計」■

〈男性〉
1440分（24時間）÷81.09歳＝17.76分 ➡ この分数が1年に相当

17.76分×［　　］（現在の年齢）歳＝［　　］（現在の生存分数）分
↓（時間に換算）
［　　］÷60分＝［　　］時間

〈女性〉
1440分（24時間）÷87.14歳＝16.53分 ➡ この分数が1年に相当

16.53分×［　　］歳＝［　　］分
↓
［　　］÷60分＝［　　］時間

例 男性45歳の人生時計計算
17.76分×45歳＝799.2分
799.2分÷60分＝13.32時間
↓
現在は24時間のうち、
13.32時に相当 ‥‥➤ 13時と19分（60分×0.32）

÷81・09＝17・76、つまり17・76分が1年になります。

私の年齢である45歳は、17・76×45＝799・2、これを60で割ると13・32、つまり13時19分ということになります。

同様に健康寿命72・57を1日として計算すると、1440（24時間）÷72・57＝19・84。19・84×45＝892・8。892・8÷60＝14・88となり、約15時間なので、私の人生時計では、健康で動ける時間は残り9時間（24時間－15時間）ということです。

大事なのはこの9時間をどう考えるか。もう9時間しかないと考えるのか、あと9時間もあると考えるのかで行動が変わります。**この計算をすることで、人生の残された時間がいかに貴重であるかが、より実感できる**と思います。

今日から行動

人生時計を計算する

Doing 5

常に最悪の事態を想定している

私はよく同業者から、派手に事業を展開しているように勘違いをされています。実際は、とても慎重に、緻密に計算して事業を行っています。中長期の事業計画を立てて、毎年1年単位でその計画自体を微調整しています。

そのため、成功する確率の高い事業しか行っていません。やり方が派手に見えるのは、あえてパフォーマンスとしてそうしているからであって、実際は常に最悪の事態を想定して準備をしています。

派手に見せている理由は、若手歯科医師に業界への希望を持ってもらいたいとか、この人についていけば何か一緒に夢が見られるんじゃないかと思ってもらいたいからです。

私が様々な成功者から学んだ、新規事業を始める時に大切だと思うことは、次の３つの考え方です。

1つ目は、まず**楽観的に考える**ことです。

ここにコツがあります。まずは1人で考え、その後、いろいろな立場の人からアイデアを出してもらいます。たくさんのアイデアを出してもらったら、それらのアイデアを十分に検討します。

2つ目は、**緻密に悲観的に計画する**ことです。

経営資源であるヒト・モノ・カネ、そして私のオリジナルでプラスしているデータをどう配置するか、緻密に、そして悲観的に計算します。そして、ここでのポイントは、この緻密に悲観的に計算する際に必ず専門家のアドバイスをもらうことです。

1人だけで考えず、多くの専門家の知恵を借りるようにしています。そして、そのアドバイスを素直に聞き入れます。その上で、事業として成り立たないと思えば、中止します。ここでさらに大事なのは、悲観的に物事を考えることです。つまり最悪の事態を想定しておくことです。事業を撤退しなければならない状況も想定しておくことで、致命傷を避けることができます。

最後の3つ目は、こうしてできた緻密な計画を**楽観的に迅速に行動する**ことです。

よく準備ばかりして一向に物事を進められない人がいます。0から1の事業を起こす際は、迅速に行動をして、間違っていたら進めながら修正していくことが、最短で結果を出すためのポイントです。

また、計画は緻密に悲観的に立てましたが、とにかく楽観的に行動することもポイントです。ここまで考え抜いてきた事業なのだからと自分に自信を持ち、思いっきり楽しみながら楽観的に行動しましょう。

ここまでやれば、**もし失敗したとしても必ず次に繋がります。諦めなければ、きっとただの失敗とはならずに成長の糧となり、次には成功できるはず**です。

リスクをとってでも勝算があれば、勇気を持って一歩踏み出すのです。

まさにこのような準備をして立ち上げたのが、41ページで述べた、歯科医師を対象とした、歯科医院経営と歯科専門技術の両方を学べるオンラインサロンです。

オンラインサロンを立ち上げる上では、その分野の専門家に様々な意見を聞きました。オンラインサロン用のYouTubeチャンネルやInstagramのアカウントなどを開設して準備を進めてきました。

もし失敗して撤退したとしても、スモールビジネスから始めているので痛手にはなりません。投資した金額は失いますが、何よりの勉強になります。
そして人生は一度きりなので、このオンラインサロン事業をやらないよりはやったほうがいい、という感覚で楽観的に取り組んでいます。

今日から行動

楽観的に企画し、悲観的に計画し、楽観的に素早く行動する

Doing 6

ピンチをチャンスに変えている

イベント会場などに行くと、空気で膨らんだ巨大なトランポリンやすべり台などの遊具で子供たちが遊ぶ姿をよく目にします。それらのエアー遊具を開発し、レンタル・販売する会社の社長がいます。

創業以来、事業は好調でしたが、２０２０年、新型コロナウイルス感染症の影響で多くのイベントが中止される中、受注が激減し大打撃を受けました。

しかし、彼はそんな危機的状況の中でも諦めることなく、自分たちの事業で世の中に貢献できることがないか検討しました。

そして着目したのが、コロナ感染の疑いのある患者を隔離・検査するためのエアー陰圧室でした。

陰圧室とは、室内の気圧を低くし、室内の空気を外に漏れにくくすることで、感染の蔓延を防ぐことができる部屋のことです。友人の会社は、エアー遊具の技術を応用し、空気を入れて数分で設置できる簡易エアー陰圧室を開発したのです。

この商品は、新型コロナの感染が拡大する中で、全国の病院や介護施設などから多くの受注があり、大ピンチを見事に切り抜けました。

ビジネスで成功するには、この友人のようにピンチをチャンスと捉えるマインドが大切です。**ピンチは成長できるチャンス**だからです。ピンチに陥った時にくさってしまわず、そういう時こそ自分たちに何ができるかを考えて行動することが、成功者に共通するマインドです。

また、成功する人の頭の中には「失敗」という言葉はありません。「失敗＝成長」なのです。

成功者は恐らく1回の成功のために、99回の失敗という名の成長を繰り返しています。しかし、世間では成功の部分ばかりがクローズアップされるため、99回の失敗はなかなか見えてきません。

実際には、失敗という名の成長を何度も繰り返すことによって、成功へとたどり着いています。

私は従業員に、**「ピンチはチャンス」「成功のコインの裏側は失敗ではなく成長。失敗を恐れずに行動しよう」**と話しています。失敗するよりも、失敗を恐れて行動しないほうがむしろ問題です。

ただし、同じ過ちは2回までです。3回同じ過ちをするのは、そこに成長が伴っていないことになります。

失敗を恐れてはいけませんが、その失敗を成長に結びつけなければ意味がありません。

今日から行動

ピンチになったら、自分でできることを考える

Column

お金が増えるおまじない

成功者は、総じてお金を大事にします。なぜなら、お金は大事にしている人のところにしか集まってこないと考えているからです。だから、無駄遣いもしません。

私もお金を大事にしていて、そのためにいろいろな験《げん》かつぎをしています。

お金を入れる財布は、金運が上がると言われている茶色の長財布を使っています。茶色の財布は風水的に金運が良いとされています。また長財布はお札を折らずに使えます。

お財布は3～4年に一度必ず買い替えます。新しい財布をおろすのは、最も金運の強い日とされる「一粒万倍日」×「天赦日」の重なる日と決めています。年に3～4回、この日があります。その日が財布をおろす日です。

新しい財布を買ったら、財布をおろす日までは、帯のついた100万円を財布に入れておきます。帯のついた新札の100万円は銀行でおろすことができます。

これはお金が戻ってくるおまじないです。お財布に多くのお金が返ってくるように、使う日（おろす日）まで新しい財布に多くのお金の感覚を覚えてもらいます。

お財布を使う日には、その１００万円は出して使い始めます。

また、財布を使っていると、毎日レシートや領収書がたまります。膨らんだ財布はお金の管理ができていないことの現れで縁起が悪いので、財布の中身は毎日整理して、スッキリした状態を保つようにしています。そして週に一度、財布の革を磨いて必ずメンテナンスをします。

最近はキャッシュレスが普及しましたが、それでも現金が必要な場面は日本ではまだまだあります。そこで、私は財布に入れるお札は必ず新札に替えています。

汚れたお札を財布に入れておくのは、回り回ったものがどこからか返ってくることを意味しています。新札は私が初めて使う人間になります。

そのため、新札を使う時は、必ず「ありがとう、大きく育って戻っておいで」と心の中で言いながら支払います。そうすると、使ったお金は経済活動を経て、回り回って数倍になって自分のところに戻ってくるのです。

このように、大切なお金には常に礼を尽くすことで、お金からも愛されます。

Doing 7

うまくいかない…それも成長への投資だと考える

失敗したり、うまくいかない時は、時間を浪費したと考えてしまいがちです。でも、基本的に無駄な時間などないのです。どんなに有名な作家でも、プロのアスリートでも、一夜にしてその地位にたどり着いたわけではありません。

その道のプロは、多くの失敗やうまくいかないことを学びに変えて成長したから、そこにいるのです。

なぜうまくいかなかったのかを振り返り、その経験から学びを得ることができれば、その時間は決して無駄ではありません。その時間は成長への投資と捉えるべきです。

何も学びを得ずに自分から何も変えず、他人や環境のせいにしていると、また同じ失敗をしてしまいます。これこそ時間の浪費です。

例えば、会社で労務問題が起きたとします。

同じような問題が再び起こらないように、労務に強いコンサルタントや社会保険労務士に依頼して改革に取り組んだとします。

その場合、労務問題の改革には莫大な時間がかかるかもしれませんが、その時間は組織が成長するために必要な投資と言えます。時間をかけてつくった新しい労務の仕組みが、次のトラブルを未然に防いでくれます。

今日から行動

うまくいかなければ、同じことが起こらない仕組みをつくる

Doing 8
銀行はお金を引き寄せるために選ぶ

預金というと、一般的にはお金を銀行に預けておくことであり、預け先の銀行は家の近くなどの利便性や金利で選ぶことが多いでしょう。

しかし、事業で成功する人は、利便性や金利で銀行を選んだりはしません。**お金を預けることによってお金を引き寄せる、という考え方をします。**

どういうことかというと、自分の資産を銀行に預けることによって、その銀行からの信用が担保されます。つまり、いざという時に、その銀行からお金が借りやすくなるということです。そのために、あえてその銀行に一定額のお金を預けておくのです。

では、例えば地方で事業を行っている中小企業の経営者は、どのような銀行に預金しているのでしょうか？　それは、三菱ＵＦＪや、みずほ、三井住友などのメガバンクではありません。メガバンクは主に大企業を相手にしており、中小企業は主要な顧客ではないからです。

地方の中小企業経営者が預金をするのは、地元の信用金庫や地方銀行です。これらの金融機関は、私たちが預金をすることにより信用関係を築くと、より親身になってくれて、お金を借りやすくなるのです。そのため信用金庫や地方銀行をメインバンクにすることが多いのです。

さらに、信用金庫と地方銀行にも違いがあります。

信用金庫は、地域の方々が利用者・会員となっていて、互いに地域の繁栄を図る相互扶助を目的とした協同組織の金融機関で、主な取引先は中小企業や個人事業主です。

銀行との最も大きな違いは、利益第一主義ではなく、会員すなわち地域社会の利益が優先されることです。さらに、営業地域は一定の地域に限定されており、預かった資金はその地域の発展のために活かされている点も銀行と大きく異なります。

そのため不動産投資などを考えた場合、信用金庫は融資可能な物件の地域が限定されます。とはいえ、もし事業などが行き詰まった場合、利益優先ではないので最後までしっかりとお付き合いをしてくれるのが信用金庫なのです。

地方銀行には、いわゆる第一地銀（通常の地方銀行）と、第二地銀があります。

第一地銀と第二地銀は、どちらも地域に根ざした普通銀行であることは同じです。主に個人や中小企業のニーズに応える金融サービスを提供しており、業務の点で大きな違いはありません。第二地銀は、第一地銀に比べて経営規模が小さく、全国展開していない可能性があるのが大きな違いといえます。

よく銀行は、「晴れの日に傘を貸してくれ、雨の日には傘を奪う」などと言われます。それは株主優先で利益を優先していれば当然のことです。事業に失敗すると、銀行は平気で貸し剥がしをしますが、信用金庫は守ってくれます。

いざという時には信用金庫は防御の要にもなるわけです。私たちのような中小企業のオーナーは、いろいろな可能性の幅を考えると、**信用金庫やいくつかの地方銀行から、重要な顧客として認識してもらうことがとても重要**になります。

経営者でなくても、金融機関からお金を借りるケースはよくあります。マイホーム購入、車の購入、子供の教育費など、人生の節目でローンを組む可能性があります。また、いずれ副業で不動産経営をしようとしているような場合にも不動産投資に対する融資が必要になります。

一般的によくある金融機関との取引きは住宅ローンです。住宅ローンは手数料はかかりますが、借り換えることも可能です。そのためメリット、デメリットを考えた上で思い切って借り換えを行うのも選択肢です。

住宅ローンの場合、サラリーマンであっても金融機関との取引きの実績をつくる絶好のチャンスになります。

また、地方銀行や信用金庫は、定期預金などをしていると、それが信用となって査定時にプラスになり、普通の条件より低金利で借り入れできる可能性があります。

いずれ事業を起こしたいと考えているのであれば、まずはこうした金融機関に預金をしたり、融資を受けるなどして信用を積み重ねるのも大事です。

今日から行動

信用金庫や地方銀行に口座をつくる

Doing 9

アンチの人々を歓迎する

成功して名前が売れてくると、必ず批判をする人が出てきます。いわゆる「アンチ」です。**もしアンチが出てこなければ、「自分はまだまだ」だと思ったほうがいいくらい**です。ただし、こうしたアンチの言うことをいちいち気にしていると、自分のメンタルが持ちません。そのため、「アンチが出るだけの実力がついたんだな」「それほど知られてきたんだな」とアンチの存在を歓迎しましょう。

アンチというのは、その人に脅威を感じなければ出てきません。つまり、アンチの人にとってあなたの存在が脅威だから、いろいろと批判するわけです。ですから、アンチが出たら歓迎して、無駄にストレスを感じないようにしましょう。

アンチからの批判にさらされることで、自分の周りから去っていく人が出たとしても、残ってくれる人、自分を支持してくれる人は必ずいるはずです。そういう時こそ、本当に大切な人を見極めることができます。人はすべての人から好かれることは、まずありえません。**大切な人が見極められるからこそ、アンチは歓迎すべき**なのです。

私のケースを紹介しておきましょう。歯科医ですから、まず同業者の中からアンチが出てきました。

「金儲けに走りやがって」と陰で言われているのかもしれませんが、第1章でも書いたように私自身は金儲け、という薄っぺらな気持ちで事業をやっていませんし、私の本質を理解している人たちはそんなふうに思っていませんので、どんなことを言われても気にしません。むしろ、「同じことができるならやってみれば」と考えています。

アンチの存在を気にしてもプラスになることはありません。アンチを歓迎し、大切な人を見極めればいいのです。

今日から行動

アンチが出るほどの「出る杭」になる

Column

成功への最短の道はハードワーク

成功への道のりは決して一直線ではなく、山あり谷ありの連続です。多くの成功者が、まるで一夜にして成功を手にしたかのように語られることがありますが、それは大きな誤解です。実際には、長年の努力の積み重ねと、数え切れない挑戦や失敗を経て、成功をつかんでいるのです。

私自身、20年間にわたるハードワークにより経験を積み重ね、失敗を成長の糧としてきました。涙を流すほど悔しい思いをしたこともあれば、裏切られたり、挫折を味わったこともあります。

しかし、振り返ると、それらの経験が自分を大きく成長させていたことに気づきます。「ローマは一日にして成らず」という言葉の通り、目標を達成するには時間と忍耐力が必要なのです。

では、日々どのような姿勢で働くことが成功に繋がるのでしょうか？

成功に必要な要素はいくつかありますが、共通するのは以下の3つです。

①自分が楽しめる分野でスキルを磨く、②人との繋がりを築く、③実績を積み重ねる。そして、すべてにおいて大切なのが、「良い仕事に全力で取り組むこと」です。

良い仕事とは、以下の3つの要素がそろったものだと考えています。

①お客様が喜んでくれること、②仕事を通じて周りの働く仲間も喜んでくれること、③その仕事の中で工夫すること、です。

「お金を追うな、仕事を追え」とよく言われます。成功者の多くは、お金を目的にするのではなく良い仕事に全力で取り組んだ結果、自然とお金がついてくるという本質を理解しています。成功への近道はなく、地道な努力が必要なのです。

成功への道のりは、時間がかかり、努力が必要不可欠です。私が知る限り、本当の成功を手にした人の中で、ハードワークをしていない人はいません。

成功には魔法のような近道はなく、むしろ地道な努力と継続が求められるのです。ハードワークする期間は、どんな職業であっても最低10年は必要でしょう。もしあなたが将来的に経済的な自立を目指すなら、幅広い経験を積みながら、ひたむきに努力することが必要です。

とくに、「忍耐力」は重要な要素の1つです。忍耐力とは、あなたが認められない時期があっても、結果がすぐに出なくても、常に成長を意識しながら仕事に取り組む力のことです。もし、「このままハードワークを続けていいのか？」と迷いが生じたら、目先の自分ではなく「10年後になりたい自分」を想像してください。

努力はすぐに報われるとは限りませんが、継続することが大きな成果につながります。目に見える成果が出ていなくても、忍耐強く努力を続けることは、すでに成功のプロセスの中にいるということなのです。

例えば医療業界においても、研修医を終えたばかりの時期に目先の高収入に惹かれ、相場以上の給与を提示するクリニックに飛びついてしまうケースがあります。

しかし、それが本当に長期的なキャリアにとってプラスになるのか慎重に考えるべきです。なぜなら、そのような環境では「医療の本質」よりも「効率的なお金の稼ぎ方」が優先されることがあるため、結果として患者さん一人ひとりに対して適切な治療計画を立てる力が身につかないまま時間だけが過ぎてしまうこともあるからです。

医師や歯科医師に限らず、どのような仕事・職種であっても、成長するためには20代・30代のうちに幅広く学び、経験を積むことが不可欠です。成功は焦って手に入れるものではなく、急がず着実に築き上げていくものなのです。

第3章

「健康」を
制する人が、
成功を制する

Chapter 3

Doing 1

睡眠の質を追求している

成功したり、うまくいく人は、ほぼすべての人が健康を最重要視しています。それは、健康でなければ、いくら成功しても、お金持ちであっても、幸せではなくなってしまうからです。

私は、歯科医師ということもあり、一般の方々以上に健康管理に気をつかっています。この章では、自分の体験や書籍から得た、健康に良いと考えるノウハウを紹介いたします。

まず最も重視しているのは睡眠の質で、起き方にもこだわっています。

通常は、目覚まし時計や携帯電話のアラームで起きる人が多いかもしれません。しかし、アラームを枕元に置いておくと、鳴っても止めて二度寝してしまう恐れがあります。ポイントは、いかに二度寝をしない環境をつくり、すっきり起きるかです。

まず携帯電話を部屋の外、もしくは手の届かない場所に置いてください。これで寝る前も起きる時も携帯は気になりません。

そして、**「音」ではなく「光」で起きる**ようにしています。

人間は本来、日光を浴びて起きるのが自然な姿です。そこで、起きる時間にタイマーでスイッチオンになる機能のついたシーリングライトを寝室に設置しています。このライトを使用すると、起床する15分前から徐々に明るくなり、起床時間には最大の明るさになります。

暗闇の中、アラームで起こされ、そのアラームを探して止めて起きるよりも、夜明けのように徐々に明るくなる光によって自然に目覚めるほうが、気持ちよく起きられます。

本来の人間の生物学的に正しい形で起きるのです。確実に起きたい時間がある場合、アラームをシーリングライトに設定することもできますが、アラームが鳴る前にいつも光で起きてしまいます。こうした機能のついたシーリングライトは、アマゾンや家電ＥＣサイトで数万円程度で購入できます。

ちなみに、シーリングライトを購入する前は、カーテンを自動的に開閉させる機械を使用していました。起床時間になるとカーテンが自動で開き、屋外の太陽の明るさで目覚める仕組みでした。

朝、すっきりと起きられる理由がもう1つあります。それは、就寝の7時間後にスイッチオンになるようにシーリングライトのタイマーをセットしていることです。

私の場合、睡眠時間を最低7時間確保すると翌日の調子が良くなります。人によって最適な睡眠時間は異なります。一度、5〜8時間くらいの間で数日間、睡眠時間を調整して、自分の最適な睡眠時間を確認してみてください。私は普段は朝4時に起きるので、7時間を計算し夜の9時頃には寝ることが多いです。

大事なのは「毎日、朝○時に起きる」というような決め事をつくらないことです。会食があって就寝が11時になってしまったら、睡眠時間を7時間確保して朝の6時に起きればよいのです。**ポイントは睡眠時間を決め、そこに起床時間を合わせていくという考え方**です。

朝、光で目覚めたら、パッと起きて顔を洗い、白湯を飲んで落ち着く——そんな自分なりのモーニング・ルーティンを行い、体のリズムを整えます。

今日から行動

睡眠時間から起床する時間を決める

Doing 2

お金をかけて健康への安心を買う

アメリカの著名な投資家、ウォーレン・バフェットは、「体は一生乗り換えのきかない車だ」と述べています。その通り、**自分の体とは一生付き合っていかなければならないので、いかに大事に扱うかがとても大切**です。

もし、あなたが倒れてしまうと、あなたの家族が路頭に迷う可能性もあります。経営者であれば、従業員とその家族が路頭に迷う可能性もあるのです。

そのため、私は年に一度、必ず人間ドックを受けています。ここで大まかな体調がわかります。毎年の検査値が更新されるので、比べることができます。それに加えて、がんの早期発見に効果があると言われている「PET-CT検査」を受けています。

PET-CT検査は、がん細胞が正常な細胞に比べて多くのブドウ糖を取り込む性質を利用して、ブドウ糖に似た薬剤を体内に投与して、各臓器の薬剤蓄積率を見る検査です。薬剤が多く集まるところがあれば、がんの疑いがあり、精密検査に進みます。担当の先生には「2～3年に一度でいい」と言われますが、心配性の私は毎年受けています。

PET-CT検査は十数万円かかりますが、がんが早期に発見できれば、早期治療ができて死なずにすむかもしれません。がんは若いほど進行が早くなりますので、早期発見は生存率に大きく影響します。そう考えると、これだけの費用をかける価値が十分あります。

また、胃カメラ・大腸カメラの検査も、1年に一度、必ず行っています。バリウム検査だけでは疾患を早期発見するのには不十分です。大腸カメラや胃カメラも静脈内鎮静法という日帰り麻酔をしてもらえば寝ている間に終わります。もし、がんになりそうなポリープなどを発見したら、その場で切除してもらうことも可能です。昔に比べると驚くほど検査が楽になりました。

健康を害したら、どんなに成功しても、お金があっても人生を楽しめません。これらの検査に投資することで、安心を買っているのです。

今日から行動

毎年、人間ドックを受診する

Doing 3

適度な運動を日課にしている

適度な運動は健康だけでなく、学習能力にも効果があると言われています。

脳は、１つの部分を刺激するよりも、様々な部分を刺激することで、より活性化するそうです。そのため、勉強と運動という異なる刺激を与えることによって、勉強だけをする場合よりも脳が活性化され、長期的な記憶を保持する効果が高まると言われています。

ハーバード大学のジョン・Ｊ・レイティ博士の研究によれば、筋トレを行うと記憶の定着を促す神経物質がより分泌されるそうです。また、ジョージア工科大学の研究では、20分間の筋トレで、記憶力が10％ほど向上すると言われています。

つまり、**ほどよい筋トレをすることで、脳を活性化させ、生産性を上げることができる**わけです。

アメリカの大学へ留学した時に驚いたのは、大学に併設されたジムで多くの学生たちが朝5時ごろから筋トレや有酸素運動をしていたことです。中には暗闇の中、朝5時からプールで泳いでいた人もいました。

アメリカではジムが混む時間帯が2つあります。1つが朝の5時、もう1つが夕方5時です。

留学先は医学部・歯学部専門の大学でした。いわば健康に関するエリート集団です。その先生や学生たちが健康管理の観点から、筋トレや有酸素運動を朝から積極的に行っていたのです。

私は当時、大学院生でしたので、授業が終わる時間は日によってまちまちでした。そこで確実に運動できるのは朝だと考え、彼ら彼女らを見習って、私も朝に運動するようになりました。

現在は、週2回、朝の7時から1時間、ジムに行ってパーソナルトレーナーの指導のもとで筋トレをしています。

パーソナルトレーナーについてもらうメリットは、指導を受けながら行うことで効率よく筋力アップができる点です。また、あまりやる気がしない時でも、やらざるを得ない環境をつくることができます。

朝に行う理由は、夜だと仕事の関係などで急遽予定が入ることが多いからです。出勤前なら、確実に時間を確保することができます。また、**出勤前にトレーニングをすることで、脳を活性化させた状態で仕事に臨むことができます。**

適度な運動と、それに伴う筋力アップは、成長ホルモンの分泌を促します。体内の血流や代謝を促進し、細胞が生まれ変わるのをスムーズにする力があるので、体が若返る効果も期待できます。

今日から行動

曜日と時間を決めてトレーニングをする

Doing 4

整腸剤にこだわる

「お腹を冷やさないように」と子供の頃よく言われました。体が冷えると体調が悪くなることがあります。なぜでしょう?

それは、お腹が冷えることで交感神経が優位になり、腸の血流や動きが悪くなり、結果的に便も腸に停滞してしまい便秘になりやすくなるからです。また、血流が悪くなると、胃の働きも低下させます。

極端な冷え=血流の悪化は、食べ物を消化・吸収する働きを弱め、下痢を招くこともあります。下痢をすると、栄養素ばかりでなく腸内細菌まで一緒に流してしまいます。

また、お腹の冷えは、免疫細胞の活動も低下させます。お腹を温めることにより、腸内環境を維持することの大切さが、経験則によって昔から知られていたわけです。

体の冷えに関しては、なるべく体を冷やさない格好をする、極度に冷たい食べ物や飲み物を避ける、入浴をして体を温める、体の温まる食事を摂るなどが挙げられます。

腸内環境を整えるためには、バランスの取れた食事が非常に大切です。とくに腸内細菌が好むのは、野菜などの食物繊維、そして発酵食品です。私は、納豆、味噌、ヨーグルト、キムチなどを意識して摂取するようにしています。発酵食品は値段が多少高くても、なるべく天然発酵のものを選ぶようにしています。

食べ過ぎは、消化吸収のために胃腸が働く時間が長くなり、胃腸に負担をかけます。そのため、食べる量は腹八分目がベストです。また、寝ている時は胃腸を休めたほうがいいので、寝る直前の飲食は控えるべきです。起床後も1時間くらいたってから食事をしたほうがいいでしょう。

実際に私が毎朝行っているのは、**排便したあとに必ずうんちの色、形、硬さ、においをチェックする**ことです。

色は黄色すぎず黒すぎず、適度な茶色だと体調が良い印です。形は、ほどよく硬い時が調子がいいです。飲み会のあとなど、不摂生をしたあとは軟便が多くなります。においが臭い時は、大抵体調が悪い時です。体調がいい時にはまったくにおいません。

うんちをチェックすることの大事さは、41ページで紹介したサッカー元日本代表選手の鈴木啓太さんに教わりました。彼はいまアスリートの腸内環境を研究するAuB（オーブ）株式会社の代表を務めています。

うんちをチェックすると、腸の状況がわかります。うんちの中身は80％が水分で、残る20％のうち3分の1が食べカス、3分の1が生きた腸内細菌、3分の1がはがれた腸粘膜です。実は、腸の働きと免疫力には密接な関係があります。免疫細胞の60〜70％は腸管の中に存在しているのです。

また、腸内には100兆個以上の細菌が住み着いています。腸内細菌は善玉菌と悪玉菌に分かれるのですが、この善玉菌の数が優位な状態を保っていくことが重要です。

常在菌と言われる腸内細菌は、免疫力を保つために重要な役割を担っており、病原菌の繁殖防止に役立っています。

したがって、**丈夫な腸をつくることは、免疫力を高めることに繋がります。**体内の毒素の約75％は、便によって体外へ排出されると言われています。

私は腸内細菌にも気をつかっていて、整腸剤を飲んで、多様な大腸菌を毎日摂取しています。

大事なのは、その摂取した大腸菌が腸に住み着いてくれることです。食物繊維はいわばそれらの大腸菌の餌になります。そのため、様々な腸内細菌に好まれるように、毎日内容が若干変わる食物繊維サプリを毎日飲んでいます。

腸内環境を整えると、体調が良くなります。私は胃腸がもともと弱く、必ず年に1回、急性胃腸炎になっていたのですが、サプリを摂取するようになってからはなくなりました。

今日から行動

毎日、うんちの色、形、硬さ、においをチェックする

Column

十分な睡眠を取らないリスク

睡眠は健康にとって非常に重要です。睡眠不足は様々な健康リスクを高めます。睡眠中に、昼間の活動中に脳内に生じたアミロイドβなどの老廃物が脳の外に排出されます。しかし、十分な睡眠が取れないと排出しきれず、老廃物が脳内に溜まり神経細胞を破壊するため脳が委縮し、意思決定や記憶、計算などの認知機能が低下します。そして、それが進むとアルツハイマー型認知症を発症します。

睡眠が不足すると、傷ついた細胞や組織の再生・修復を行う成長ホルモンが全身に行きわたらず、代謝が不十分になり、免疫力が下がります。

中高年層では、睡眠時間が5時間以下の人は、睡眠時間7〜8時間の人と比べて、高血圧になる確率が2倍になるという研究もあります。睡眠不足で血管細胞の修復が遅れることで、血管の強度が低下します。その結果、虚血性心疾患や脳卒中などを引き起こしやすくなるという流れです。

メラトニンというホルモンも睡眠中に分泌されます。メラトニンには抗腫瘍効果があり、がん細胞を死滅させたり排出させる働きがあります。また、メラトニンには男性ホルモンや女性ホルモンの分泌を抑制する働きもあります。メラトニンの量が減ると、性ホルモンの分泌が増え、性機能に関するがんが増えるとも言われています。そのため、深夜勤務が多い女性は乳がん、そして男性は前立腺がんの発症リスクがそれぞれ高まるという研究結果が出ています。

睡眠不足は老化を加速させます。メラトニンが不足して細胞の修復が追いつかないと、細胞は劣化していきます。肌荒れにも繋がるため、寝不足は美容の大敵と言えます。「アンチエイジングホルモン」とも呼ばれるメラトニンは、午前2〜4時に最も多く分泌されます。

また、睡眠時間が短いと太りやすくなるとも言われています。睡眠時間が短いと、食欲を抑制する「レプチン」というホルモンが減少し、食欲を増進させる「グレリン」というホルモンが増加するためです。

睡眠はメンタルにも影響します。十分な睡眠を取ることで気力も高まります。

睡眠時間を7〜8時間取ると調子が良いという人が多く、中には5時間以内という人もいますが、そういう人は極めてまれです。通常、成長ホルモンが分泌されて体のメンテナンスを完了するまでに最低6時間程度はかかると言われています。

Doing 5

歯の白さを気にかける

雑誌『プレジデント』が2012年に55～74歳の男女1000人に行った「人生の振り返り」に関するアンケート調査で、健康について後悔していることの1位になったのは「歯の定期健診を受ければよかった」でした。

若くて歯の不具合が少ないうちは、なかなか歯に関心が向かうことはありません。しかし、虫歯や歯周病で歯を失ってしまうと、元の状態に戻すことは難しくなります。歯が健康でないと、栄養を摂取したり、おいしい食事を楽しんだり、さらに笑顔になることすらできなくなります。

歯がどれだけ大切かということを、このアンケート結果は物語っています。

歯の健康は、最低でも、1日朝晩の2回、2分以上継続的にしっかりと歯を磨けば維持できます。1日2回未満の歯磨きは、1日2回以上の歯磨きより虫歯や歯周病のリスクを増加させるというデータもあります。

歯磨きのタイミングは就寝前と起床後です。睡眠中は唾液の出る量が少なく、虫歯菌や歯周病菌が繁殖しやすいからです。そのため、就寝前にしっかりと歯を磨いて口の中を清潔にしておきます。そうすれば虫歯菌や歯周病菌の活動を抑えられます。

そして起床後は、寝ている間に菌が繁殖した口の中を朝食後に歯磨きできれいにします。朝は慌ただしくて大変かもしれませんが、1日最低2回2分以上、しっかりと歯を磨く習慣をつけることが重要です。

成功する人は人と会うことが多く、歯の大切さを知っています。そのため、歯にかけるお金には糸目をつけません。もともと健康意識の高い人の場合は、自分の白くきれいな歯を維持するためにお金をかけます。

その一方で、成功者でも口の中の管理に気が回らず、歯がボロボロになってしまう人もいます。その場合は例外なく、歯をきれいに治すためのお金は惜しみません。「先生の考えるベストな治療をしてくれ」と、たとえ1000万円以上かかろうとお金を投資します。

成功者は、なぜそれほど歯にお金をかけるのでしょうか。

ビジネスでは、第一印象で相手に好印象を与えることが重要です。第一印象が良くなければ、生活の管理ができていない人とみなされ、そこで関係が断たれてしまう可能性もあります。きれいで清潔な歯、口臭のないコミュニケーションは、ビジネスマンの必須条件なのです。

また、**相手に好印象を与えるための強力な武器が「笑顔」**です。そこで重要になるのが歯なのです。人の第一印象を決定する歯は、中切歯《ちゅうせっし》という上顎の真ん中にある歯です。また、上顎の中切歯から犬歯までの6本の歯の流れがいかにきれいかで、その人の笑顔の印象が変わります。

魅力的な笑顔になるためには、歯が白く、きれいに整っている必要があります。歯がきれいに整っていれば、笑顔に自信が持てます。歯を整えることによって生まれる笑顔への自信は、自分への自信に繋がり、ひいてはビジネスや人生を好転させることにも繋がるのです。

そして、成功者が歯にお金をかけるもう1つの大きな理由が、認知症対策です。

今日から行動

最低でも朝晩の2回、2分間以上歯を磨く

Doing 6

自分の歯を大切にする

人類の寿命が伸び、「人生１００年時代」と言われるようになりました。しかし現実には、寿命が伸びたとしても病気などをきっかけに、生活の質が大きく低下する可能性があります。

60ページでも述べたように、２０２３年の日本人の平均寿命は、男性が81・０９歳、女性が87・１４歳。一方、健康寿命は、２０２２年の時点で男性72・５７歳、女性75・４５歳となっています。２つの寿命を比べると、長生きできたとしても、最後の10年は健康では過ごせない可能性が高いことを示しています。

多くの人は「ピンピンコロリ」、つまり、亡くなる直前まで生活の質を落とすことなく、家族にも迷惑をかけずに過ごしたいと考えています。

ピンピンコロリを実現するために、最も気をつけなければいけない病気が「認知症」です。記憶が失われ、正常な判断ができなくなるという点では、がんや心筋梗塞などよりも恐ろしい病気と言えます。

認知症については、**「残っている歯が少ないほど認知症になりやすい」「失った歯の本数が多いほど脳の萎縮度が高い」**など、**認知症と歯との関連性を示す論文が数多く示されています。**

また、歯周病を放置すると脳内にアミロイドβという老廃物が蓄積され、認知症の原因となることが明らかになっています。歯周病で歯を失った数が多ければ多いほど、アミロイドβが蓄積される可能性があります。認知症を防ぐために必要な歯は15本以上と言われています。

これらの理由から、認知症専門医は、認知症予防のために口腔内の環境を整えることから治療を始めます。

認知症を防いでピンピンコロリで亡くなるためには、**歯をしっかりケアして15本以上残すことが大切**です。そのためには、年に二度、必ず定期検診で歯医者に通って歯周病の状態をチェックしてもらってください。

今日から行動

年に2回、歯科医院で定期検診を受ける

Doing 7 有酸素運動を心がける

健康のために体を動かすことは大切ですが、あまりに過度なトレーニングは老化を促進します。

その理由は、激しい運動によって過剰に発生した乳酸菌を自身の筋肉が処理できず、体内に蓄積してしまうためです。そのため、中高年でジョギングを長時間負荷をかけながらする人は、老け込むリスクが高いと言われています。

体を動かすなら、ウォーキングや軽いジョギングなどの適度な有酸素運動をするとよいでしょう。それによって筋肉量が維持され、成長ホルモンの分泌が促され、血流や代謝が促進され、細胞の再生もスムーズになります。

また、運動によって脂肪が燃焼され、筋肉量も増加するため基礎代謝が高まり、エネルギー消費量も増え、太りにくくなります。血流量の増加は冷えの改善にも繋がります。汗をかくことで、体内の毒素も排出されます。適度な運動は脳の働きも活発にします。

今日から行動

1日の目標歩数を決めて意識的に歩く

会社経営などで忙しい人は、どうやって有酸素運動をしているのでしょうか。私の周りの経営者は、歩くことで運動をしている方が多くいます。1日の目標歩数を決めて、万歩計を使って日々の歩数を確認しています。

経営者が集まるセミナー合宿に参加した時のことですが、夕食会場がホテルから少し離れた場所にありました。皆さんてっきりタクシーで移動するものだと思っていたら、多くの人が行きも帰りも歩いていました。

本当に多忙な人にとって、運動時間を確保するのは容易ではありません。そのため、このように普段の生活の中で意識して歩くようにしている人が多くいます。

私はよく朝に散歩をします。朝、脳がクリアな状態の時に歩いていると、物事の見え方が変わり、クリエイティブな発想が生まれやすくなるためです。

また、自分の大事な人と朝、一緒に歩きながら話をすることもあります。いろいろな話をする中で、仕事で悩んでいることの解決策が浮かぶこともよくあります。

Doing 8 コーヒーで健康になる

「コーヒー」といえば、これまではデメリットのほうがクローズアップされていましたが、実はメリットも数多くあります。

皆さんがよく聞くカフェインは、コーヒーのデメリットとして取り上げられます。カフェインを過剰に摂取した場合には、中枢神経系の刺激によるめまい、心拍数の増加、興奮、不安、震え、不眠症、下痢、吐き気等の健康被害をもたらすことがあります。カフェイン依存症の人、精神疾患や不整脈などのある人にはカフェインは良くないとされていますが、この科学的な根拠はないそうです。

ではメリットはどうでしょう。まず、カフェインによって満腹中枢が刺激され、食欲を抑えてくれることが挙げられます。つまり、ダイエットをサポートしてくれるということです。

また、コーヒーに含まれるポリフェノール（主にクロロゲン酸類）には、血管の老化を防ぐ働きがあります。それに加えてクロロゲン酸には抗酸化作用があり、肌やメンタルにも良い影響を与えます。さらに、カフェインやクロロゲン酸には脂肪を燃やして体脂肪を減らす作用もあります。脳の老化防止も期待でき、認知症予防にも有効です。つまり、アンチエイジング効果があるということです。

コーヒーを飲む人と飲まない人の死亡リスクを調べた研究では、**ブラックコーヒーか3gの砂糖入りコーヒーを飲んでいる人のほうが、コーヒーをまったく飲まない人よりも死亡リスクが20％以上、下がる**という結果が出ています。

ただ、砂糖自体はあまり健康に良くないため、私はブラックコーヒーをおすすめします。また、コーヒーを飲むことで糖尿病を予防できるという研究もあります。

中には、カフェインが苦手でコーヒーを飲めない人がいます。カフェインへの耐性はアルコールと同じで、遺伝で決まっています。寝る1時間前にコーヒーを飲んでも平気で眠れるという人は、カフェイン耐性が強い人です。

カフェインが苦手な場合は、カフェインレスコーヒーでもコーヒーのメリットを享受することができます。

1日に飲むコーヒーの量は、一般的には3～4杯程度がベストと言われています。コーヒー1杯に含まれるカフェイン量は約１００mgです。カフェインの効果が半分になる半減期は約5時間だそうです。そのため、午後にコーヒーを飲むと中枢神経系の刺激により睡眠の質を落とす可能性があります。

例えば午後2時にカフェインが１００mg入ったコーヒーを1杯飲むと、午後7時に50mg、午前0時でも25mgが体内に残っている状態です。

コーヒーのメリットだけを享受するには、午前中に3～4杯飲むことをおすすめします。午後に飲みたい場合はデカフェやカフェインレスコーヒーで代用しましょう。

今日から行動

コーヒーを午前中に3杯から4杯飲む

Doing 9

ストレスをためない生活をする

健康を維持するための方法として、食事や運動が注目されがちですが、実は最も重要なのはメンタルヘルスです。強いストレスが長い間続くと、メンタルの不調が起こりやすくなります。

メンタルが不調だと、免疫力が低下して病気にかかりやすくなります。そうなると、いくら食事や運動に気をつけても体調を回復させることはできません。「病気」という字の通り「病は気から」なのです。

あなたの周りに、お酒を飲みたいだけ飲み、肉を食べたいだけ食べ、タバコまで吸っているのに、なぜか健康な人はいませんか？　そういう人は、恐らくメンタルの強さが影響していているのだと思います。これまで過剰なストレスにさらされなかったために、免疫力が保たれているのです。

このようにメンタルの強さには、不摂生な生活を上回ってしまうほど免疫力を維持できる可能性があります。例えば気力が充実している時は、多少睡眠不足であっても体調を崩すことなく仕事をスムーズに進められたりします。

大きなプロジェクトが終わった途端に体調を崩した、というのもよく聞く話です。張りつめた緊張感の中では高い免疫力を保っていたものの、肩の力が抜けた途端に免疫力が急に下がってしまったのかもしれません。

したがって、私は**メンタルを強くすることで、ストレスに対処できるようにすることが何よりも重要**だと考えています。

とくに経営者は、長い期間、ストレスにさらされ続けています。従業員が退職したり、仕事でトラブルが起きたりすると、すべての責任を背負わなければなりません。

しかし、成功している経営者はとても強いメンタルを持っています。例えば、何か問題が起きた時に、それを他人のせいにするのではなく、自分の責任に転換し、自分に何ができるかを考え、対処しようとします。そういう考え方や姿勢がストレスマネジメントに繋がっているのかもしれません。

また、スポーツ選手なども過度なストレスに常にさらされながら結果を求められる職業でしょう。多くのアスリートたちが行っているのが、メンタルトレーニングです。つまりメンタルをどう強化するかということです。

成功している人の多くは、ストレスをため込まない習慣のようなものを持っています。趣味に没頭したり、軽い運動をしたり、大事な人と話をしたり、瞑想で気持ちを落ち着かせる習慣を持っていたり、リラックスしてゆっくりお風呂に入ったり、良質な睡眠を取ったりするなどです。

強いストレスに対する自分なりの解消法を持っていることが、メンタルを強く保つための秘訣だと思います。

今日から行動

ストレスを解消する自分だけの方法を探す

Column

免疫力と基礎体温の関係

太古より体を冷やしたり、冷たいものを摂り過ぎるのは良くないと言われます。その理由は、体の冷え、つまり低体温は、免疫力や代謝機能を低下させるからです。その結果、肩こり、頭痛、体のだるさ、寝覚めの悪さ、うつなど、様々な不調を引き起こします。

免疫細胞は、体温が上がると活発に働きます。逆に体温が下がると血流が滞り、血液が末梢の血管まで行きわたりにくくなるため、免疫力が下がって病気にかかりやすくなります。

体の冷えは酵素の働きも低下させます。体の機能を維持するために様々な酵素が働いています。例えば、体内で消化・吸収した栄養素からエネルギーをつくり出すのも酵素の働きです。生命活動を維持するために不可欠な酵素が、最も良く働く体温は36・5～37度です。体温がそれ以下になると、酵素の機能が大幅に低下し、細胞の再生や修復が遅れてしまいます。

体を冷やすものの１つに、冷たい飲み物があります。大量の冷たい飲み物を一気に飲む習慣を続けると、内臓が冷え、血流が滞り、免疫細胞や酵素の働きを低下させます。腸が冷えると腸の毛細血管の血流が滞り、腸の内容物を移動させるためのぜん動運動が低下して便秘になりやすくなります。

健康を維持するためには、体を冷やさないような生活習慣を持つことが大切です。例えば、ミネラルウォーターを飲むなら常温で飲む、夏でもアイスコーヒーではなくホットコーヒーを飲む、冷房は27～28度に設定して体を冷やし過ぎないようにする。冬はしっかりと厚着をして冷え対策をする、といったことが考えられます。免疫力を維持するために、体を冷やさない生活を心がけましょう。

ただし、子供の体温に対する考え方は大人とは少し異なります。

例えば冬、子供に過度に厚着をさせるのは良くありません。理由は、子供の頃に体温を調節する機能を育てておかないと、大人になってから冷え性になってしまうためです。そのため、子供には厚着をさせず、自分で体温を上げる能力を高める必要があります。

第4章

成功する人の、
未来を変える
「お金」の使い方

Chapter 4

Doing 1

本にお金と時間を使う

株式投資、不動産投資など、いろいろな投資がありますが、20～50代にとって最も効率の良い投資は「自己投資」だと思います。

自己投資は自分を磨くためのものです。何らかの知識や技術を身につけたり、外見に磨きをかけたり、ジムでトレーニングをしたり…いずれも自己投資と言えます。

その中でも、**とくにコストパフォーマンスや効率に優れているのが「読書」**です。成功している人には読書家がとても多いです。本を読まずに成功している人は、あまりいないのではないでしょうか。

本は、私たちが生きていくために必要なノウハウを、その世界の一流の人たちが凝縮して1冊にまとめてくれたものです。

それが1500円や2000円程度で買えるわけです。セミナーに参加すれば、20万円や30万円は普通にかかります。しかし、わざわざセミナー等に参加することなく、その道の一流の人が要点をまとめてくれているのです。こんなに効率のいい自己投資はありません。

なお、本といっても小説などではなく、自己投資になる本とは、ノウハウ本やビジネス本など、私たちの生活やビジネスに直接役立つ本です。テーマは、自分が興味のある分野であれば何でも構いません。

実践型読書のポイントは、本の中に書いてあったことを1つでもいいので実践することです。たった1つ行動を起こすだけでよいのです。同じテーマで10冊読めば10の行動が追加されていきます。すると、そこから興味が広がり、同じテーマの他の本もさらに読みたくなります。

そしてそれを積み重ねていくと、自分の考え方や行動がどんどん変わっていき、成功のステップへと繋がります。

自分の時間とお金をかけてわざわざ読んだ本です。一番心に残ったもの1つでよいので、行動してみましょう。そこから何かが変わっていくのが感じられると思います。

例えば、私は靴を磨くことに興味が湧き、「なぜ靴を磨くのか」がテーマの本を5冊ほど読みました。それによって靴に対する考え方が変わりました。このような狭いと思われるテーマでも本は結構あるものなんですね。

その本で、勉強になった内容の1つは、客室乗務員が乗客を判断する際に、最も注目するのが靴だということです。

なぜなら、靴にはその人の生活や考え方が現れるためです。社会的信用度の高い人ほど、上質な靴をメンテナンスしつつ、ピカピカな状態で履いています。

そのためファーストクラスに乗っている方の靴は、例外なくピカピカだそうです。そのことを知ってから、私も他の人の靴を見るようになりました。足元をしっかり管理できる人は、そのほかのこともしっかり管理できるということです。確かに私の周りにいる成功している経営者は、例外なく靴のメンテナンスを徹底しています。


話は変わりますが、私は株式投資をします。株式投資を始めてからまだ10年も経っていません。株式投資を始める時に、株式投資の本を20冊ほど読みました。誰のアドバイスもなく、本で学んで株式投資を始めました。

良書は、何冊か読むと、8割は言っている内容が同じだとわかります。例えば、長期投資やドルコスト平均法など、「こういう積立投資をすれば間違いない」ということが共通して書かれています。

複数の専門家が同じことを言っているのであれば、それが正解ということですから、あとはそれを実践すればいいだけです。

繰り返しますが、**共通認識事項はその道の専門家たちが8割くらい同じことを述べています。ここが正しい情報に最も近いものだと私は考えています。**

小さな負担でいつでも学びたい時に学べる読書は、最強の自己投資と言えます。まず、お手持ちの本の中で一番心に残ったものを選び、その中の1つでよいので行動してみましょう。

今日から行動

本の中で心に残ったことを必ず1つ実践する

Doing 2

株式投資を行う

まだ投資を経験していない人には、**収入の10％を使って株式投資をすることをおすすめします。** 身銭を切って投資すると、世の中の動きに関心を持てるようになります。

株式投資をするには、投資先を選ばなければいけません。

そのためには、今後成長が期待できるのは、どのような業界や企業なのかを知る必要があり、企業を取り巻く社会や経済の状況も含めていろいろと調べるようになります。また、どういう企業が、どのようなビジネスモデルで利益を上げているのかを考えるようになります。

例えば、ユニクロ（ファーストリテイリング）に対して、単にリーズナブルな洋服を売っている店ではなく、製品をどこの工場でつくって、どのように利益を上げているのか、なぜ世界中に展開できているのか、といったことを考えるようになります。この考えることや行動がとても重要なのです。

雑誌の記事や、投資系インフルエンサーが「この株がいい」と推奨したものを買うのではなく、どんな会社が今後成長しそうか、自分の頭で考えられるようになると、経済が面白くなってきますし、世界の見え方も変わってきます。

IR（Investor Relations）という、企業が投資家に対して情報提供するものを読み解きたくなるかもしれません。IRを読み解くには、簿記や財務の知識が必要になります。これ自体も自分にとって勉強になるはずです。

すると、「世の中にはこんなニーズがあるのに、それに応えるビジネスってないよね」とか、「このビジネスとこのビジネスを足すと、1＋1が2ではなく、10になるかもしれない」など、ビジネスのアイデアが生まれてくるようになります。


世の中の成功者は、ほぼ例外なく株式や債券投資をしています。彼らが集まる会に参加すると、必ず株や債券取引に関する話題が交わされます。

例えば、2024年3月に日本銀行がイールドカーブ・コントロール（YCC）という長短金利操作政策を撤廃しました。日銀がYCCを撤廃する動きは1年ほど前から出ていました。YCCとは、中央銀行が長短金利をコントロールする金融政策のことです。

低金利環境を維持する目的で導入したＹＣＣを撤廃すれば、金利が上昇する可能性があり、銀行の収益が上がることが推測できます。そこで、私の知り合いの間では、銀行の株価が動き始める前に銀行株を買い、その後株価が上がってきたタイミングで売却する動きが見られました。

株式や債券投資を行うようになると、こうした動きもいち早くつかめるようになります。

今日から行動

収入の10％を投資する

Doing 3

カードは1枚をメインに使う

私はクレジットカードオタクで、これまでありとあらゆるクレジットカードを調べ、実際に使ってきました。

その中で、誰にでもおすすめできる最強のカードが「マリオットボンヴォイ・アメリカン・エキスプレス・プレミアム・カード」です。年会費は4万9500円と高いですが、その分、特典が充実しています。

2024年12月現在、年間150万円以上のカード利用で無料宿泊特典（交換レート5万ポイントまで）が付与されます。このポイントでマリオットボンヴォイ系列の高級ホテルに1泊できるため、年会費分をペイすることができます。

カード利用の還元率は3％です。このカードのいいところは、ポイントが永久になくならないことです。貯めたポイントは、世界中に7900以上あるマリオットボンヴォイ系列のホテルの宿泊に利用できます。世界のほとんどの有名な都市には、マリオット系列のホテルがあります。プレミアムカードの会員ステータスは「マリオットボンヴォイ　ゴールドエリート」のため、部屋のアップグレード、14時までのチェックアウト延長などの特典が得られます。さらに年間400万円以上カードを利用すると「プラチナエリート」の会員資格を得られ、朝食やラウンジが無料で利用でき、16時までのレイトチェックアウトが可能になります。

ポイントは各航空会社のマイルにも交換できます。基本還元率は1％ですが、2万マイル相当ずつまとめて交換すると5000マイル相当のポイントが付与されるため1・25％となります。

ANA（全日空）のマイルに交換することもできますが、ANAのマイルは3年で失効してしまいます。そのため、利用したいタイミングで交換するようにすれば、マイルの有効期限を気にせずに利用できます。ただし、ポイントをANAのマイルに移行するのには1週間程度かかります。

確実なのは、ANAと同じスターアライアンスのユナイテッド航空のマイルに換えることです。ユナイテッド航空のマイルには有効期限がないため、期限を気にせずANAの航空券を取ることができます。国内便はユナイテッド経由でANA便を予約したほうが、レギュラーシーズンであればマイルは安くなります。何より、ＡＮＡサイト経由より、かなりの確率で予約ができます。

ＪＡＬ（日本航空）を利用する場合は、ＪＡＬと提携するブリティッシュ・エアウェイズのマイルに交換してＪＡＬの航空券を取ると、ＪＡＬのマイルに交換するよりもお得です。

また、ユナイテッド航空とブリティッシュ・エアウェイズのマイルなら、家族以外の人のチケットも取ることができます。

私は、国内出張時の航空券や海外出張時に使うビジネスクラスの航空券、仕事でよく使うホテルも、すべてポイントで取っています。私の周囲には、マリオットボンヴォイ・アメックスをメインカードとして使っている人がたくさんいます。

可能な限り、買い物や食事、家賃・光熱費、税金などの支払いを１つのカードに集約することが、上手にポイントを貯めていくコツです。

今日から行動

自分にとって最も有利なカードを見つける

Doing 4

「経験」に喜んでお金を使う

お金の使い方には、「浪費」「消費」「投資」の3種類があります。

浪費は、自分で無駄だと感じるお金の使い方です。

例えば、衝動買いや過度なギャンブル、本当は参加したくない飲み会代などです。お金を使っていながら、支払ったお金に見合った価値を得られていないのが浪費です。

これは一番良くないお金の使い方と言えます。

消費は、生活するために必要な出費のことです。食べ物や水道光熱費、電車代など、日常生活で必要なことに使うお金です。お金を使うことで、それに見合った価値が得られているのが消費です。

そして投資は、使ったお金以上のリターンが得られるお金の使い方です。

投資には様々な考え方があり、その1つが「経験を買う」ことです。

ハイクラスのホテルに宿泊するのも、経験を買うことの1つです。例えば、**ザ・リッツ・カールトンのような高級ホテルに宿泊し、サービスを実際に体験してみると、多くの気づきを得られます。**

接遇の仕方をはじめ、ホテルの空間や食事の味・盛り付け、そして利用客の雰囲気や会話などを通じて、自分の感性を磨くことができます。その経験から得られた気づきを、自分のビジネスや生活に活かすことができます。

私は仕事で年に数回、ザ・リッツ・カールトン東京に宿泊します。いつも到着して自分の車から降りると、「多保様、お帰りなさい」と名前を呼ばれます。恐らく車種やナンバーと名前を登録しているのだろうと思います。

初めて宿泊した際に朝食会場で、「多保様、おはようございます」と名前を呼ばれたのには驚きました。

名前を名乗っていないのに、なぜ名前が瞬時に出てきたのか…。私はこの経験から、名前を呼ばれることにすごく価値を感じました。そこで、私の歯科医院では、患者さんに名前を呼んで挨拶するように指導しています。

歯科医師であってもまず「こんにちは」から入るのではなく、「〇〇さん、こんにちは」と挨拶することで、相手の印象はとても良くなります。

私がリッツ・カールトンで得たもう1つの気づきは「香り」です。

リッツ・カールトンに行くと、必ずいい香りがします。お客様は「これはリッツの香りだ！」となるわけです。一流のホテルや企業では自身のブランディングの香りをアロマメーカーにつくってもらっています。このような香りのブランディングは、航空会社のＡＮＡやＪＡＬのラウンジでも行われています。ＡＮＡはどこに行ってもＡＮＡの香り、ＪＡＬはどこに行ってもＪＡＬの香りというわけです。

歯科医院でもこのやり方を取り入れ、すべての施設にアロマディフューザーを設置して同じ香りのアロマを焚いています。歯科医院らしからぬ高級ホテルのような香りを広めることで、「たぼ歯科医院はこういう香り」というブランディングを行っています。

ホテルの宿泊を「ただの費用」にしてしまうのはもったいないと感じます。

「投資」と位置づけ、「これだけの費用を払えば、これだけのサービスが受けられる」という経験をした上で、ぜひ自分自身のビジネスに何かを活かしてほしいと思います。

今日から行動

感動した経験・驚いた経験をビジネスに応用する

Doing 5

お金を出して「空間」を買う

おいしいコーヒーを飲むために、ドトールやスターバックスなどのカフェを毎日のように利用する人は多いと思います。

しかし、それはお金の無駄遣いでしかありません。わざわざカフェで毎日コーヒーを買うのは、とてもコストパフォーマンスが悪いと感じるからです。

ビジネスの観点からすると、カフェ本社が大量購入した安価な豆を、我々エンドユーザーが高い単価で購入することになります。

コンビニのコーヒーも同じです。コンビニのコーヒーだと1杯120〜180円ですが、チリも積もれば山となり、1年続けると単純計算で4万3800円（1杯120円で計算）になります。そんなことをしていては、なかなかお金は貯まりません。

私にとって、おいしいコーヒーを飲むために最も良い方法は、上質なブルーマウンテンの豆を最も安い時期に仕入れて、自宅のデロンギのコーヒーマシンで淹れて飲むことです。

豆は、コーヒー問屋でセールをしている時に生豆をキロ単位で大量に購入します。問屋で生豆を購入すれば、豆の炒り方も自分好みにすることができます。生豆は、長期保存できるので経済的です。

コーヒーマシンに豆を入れて、好きな量や濃さを選ぶことができます。性能の良いコーヒーマシンは、ボタンひとつでおいしいコーヒーができ上がります。

メンテナンスは抽出したあとの粉を捨てることと、水を足すことぐらいです。まったく手間はかかりません。高性能コーヒーマシンは5万円くらいで購入できます。しかも数年使っていますが、まったく故障しません。そのため毎朝、おいしいコーヒーを経済的に飲むことができます。


しかし、そんな私でも、外でコーヒーを飲むことがあります。目的はコーヒーを飲むためでなく、その空間を利用するためです。商談をしたり、大切な人と話をするために空間を買っているのです。

よく利用するのはホテルのラウンジです。コーヒーを頼むと2000円くらいします。コーヒーを飲むだけなら高いと感じるでしょう。しかし、その金額に見合うだけのラグジュアリーな空間がそこにはあります。**大切な人と大切な時間を過ごすための空間として、ホテルのラウンジを利用**しています。

帝国ホテルのラウンジに行くと、お見合いをしている方をよく見かけます。お見合いをしている人たちも、まぎれもなくコーヒーを飲みに来ているのではなく、帝国ホテルのラウンジという空間を買っているのだと思います。

大切な人と良質な空間を共有すれば、話す内容にもきっとプラスに作用するはずです。

今日から行動

コーヒーではなく大切な人との時間と空間を買う

Column

睡眠の質を向上させるために投資する

人生の3分の1は寝ている時間です。その時間をどれだけ良質なものにできるかで、起きている時のパフォーマンスが変わります。まずは眠りにつくための環境を整えることが大切です。そのため睡眠の質を高めるためのアイテムにはこだわっています。例えば、今使用しているベッドのマットレスは、価格を気にせず良いものを選びました。結果として、100万円以上の買い物になりました。

しかし、10年以上毎日使うものですから、それほど高い買い物だとは思っていません。以前のマットレスとは別次元の寝心地なので満足しています。

マットレス選びのポイントは、自分の体に合ったものを探すことです。高級家具店には専門の知識を持ったプロがいます。彼らと一緒にぜひマットレスを選んでみてください。

枕も同様で、私は自分の首にぴったり合ったものをオーダーでつくってもらいました。

百貨店などに枕をオーダーできるお店が入っていることがあります。自分の首に合った枕だと、寝違える確率も格段に下がるのではないかと思います。長期の海外出張に行く時などは、枕を持参していくことがあるほどです。

寝室には3つの機械を導入しています。

1つ目は空気清浄機です。空気清浄機で、冬は加湿、梅雨時や夏は除湿をするようにしています。寝室の空気をきれいに保ち、過度な乾燥もしないようにしているわけです。これで病気にかかる確率も小さくなります。

2つ目はアロマディフューザーで、就寝前にリラックスできる香りを拡散させています。あまり高揚感の出るような香りでなく、自分が一番リラックスできる香りを選んでみてください。

3つ目はホワイトノイズを発生させる装置です。ホワイトノイズとは、様々な周波数の音を同じ強さで混ぜたノイズのことで、飛行機に乗っている時に聞こえる「ゴーッ」という音もその1つです。

赤ちゃんが胎内で聞いている音に似ていて、リラックスや安眠の効果があると言われています。私はこのアロマディフューザーとホワイトノイズマシンの2つに1時間でオフになるタイマーをセットして寝ています。

Doing 6

ビジネスクラスやグリーン車を利用する

私は出張に出かけることが多く、国内は月に数回、海外は1~2か月に一度の頻度で行きます。**出張時には、できるだけ楽に効率良く移動する**ことを心がけています。

新幹線で移動する時は、グリーン車を利用します。「グリーン車って、もったいなくないですか?」と言われることもありますが、私は十分ペイできていると思っています。

グリーン車の座席は広くゆったりしているため、周囲に気兼ねせずにご飯を食べたり、疲れた体をしっかり休めることができます。これは、到着後や翌日のパフォーマンスに影響します。

私は埼玉県さいたま市に住んでいますが、出張後の羽田空港や成田空港からの帰りにはよくタクシーを使います。バスだと待つ時間がかかりますし、バス停から自宅までの移動も必要になります。

電車は時間帯によっては、物凄く混んでいて疲れます。タクシーであればドア・トゥ・ドアで着きますので、その間に眠ることもできますし、仕事をすることもできますので有意義な時間の使い方ができます。

欧米に出張する機会もよくありますが、フライトはビジネスクラスを利用します。CAさんの対応も丁寧ですし、食事もおいしいですし、隣を気にせず眠りたい時に眠ることができます。欧米への移動だと、乗り継ぎがあったりする場合は、20時間以上かかることもあります。

海外出張では、時差調整がとても大切です。到着した時から最大のパフォーマンスを発揮するために、到着時の現地時間から逆算して、就寝時間になったら睡眠薬を飲んで強制的に眠ってしまいます。

普段は睡眠薬は飲まないのですが、この時だけは躊躇せずに薬を飲みます。ビジネスクラスはシートがフラットになりますし、アイマスクとノイズキャンセリングイヤホンを装着すれば、完全に自分の空間になり、しっかり眠れます。

航空会社によってはフルフラットのシートに布団を敷いてくれます。ここでも自分好みのアロマミストを用意しておき、そっと機内の枕に香りをつけてとことん睡眠にこだわります。そうすると、ほとんど時差ボケを感じずに現地に到着できます。

頻繁に訪れるロサンゼルスでは、帰りは羽田に朝5時に到着するＡＮＡ便をよく利用します。機内で時差調整のための睡眠をしっかり取り、羽田からタクシーで移動すると、だいたい7時頃にはさいたま市に着いています。ですので、朝から普段通りの仕事ができます。

移動にかけるコストは、その時間を効率良く使ったり、到着後のパフォーマンスを万全にするための投資と言ってもよいでしょう。

飛行機のビジネスクラスは、誰もが利用できるわけではないかもしれませんが、考え方としては、自己のパフォーマンスを上げるための投資として、移動手段にはお金をかけることをおすすめします。

今日から行動

長距離の移動はコストをかける

Doing 7 旅行を投資に変える

旅行は単なる娯楽ではなく、感性を磨くための投資だと考えています。

ハワイに毎年行く、という人もいますが、世の中にはハワイの他にも素晴らしい魅力を持った場所がたくさんあります。ハワイを否定しているわけではありませんが、自分たちの知らない未知の場所を旅することによって、感性がさらに磨かれます。

以前、家族でスイスを旅行しました。スイスを選んだのには理由があります。

1つは、あえて物価の高い国を選ぶことで、日本との物価のギャップを知ること。2024年はあらゆる国にインフレが起こりました。もともと物価が高いと言われるスイスで何が起こっているのか知りたかったからです。

もう1つは、あらゆる点においてクオリティの高いスイスを家族にも味わってもらうことでした。アメリカ留学時代を含めて、世界中の様々な場所に行きましたが、その中でも群を抜いて、大好きな国がスイスです。

大自然の素晴らしさはもちろん、スイス国民のマナーの高さ、時計をはじめとする製造物の品質の高さ、電車やバスの公共機関のクオリティ、建造物もお洒落な建物など、見どころがたくさんあります。

また、スイスの多くの人が3カ国語以上を話すトリリンガルです。そういう人たちの社会がどんなものかは、実際に現地で体験してみないとわからないものです。


モルディブにも行きました。モルディブは「ワンリゾート・ワンホテル」で、空港から各リゾートには水上飛行機か船でしか移動できません。そして2週間、海に囲まれたリゾートでボーッとしたり、亀やジンベイザメと一緒に泳いだり、海を眺めながら食事をしたり、海外の人と触れ合ったりしながら過ごしました。

モルディブやタヒチ、カンクンなどのリゾートは、オールインクルーシブというスタイルで滞在できるホテルが多くあります。

オールインクルーシブとは、宿泊代金に食事やお酒などのすべての費用が含まれているという意味です。お金のことをまったく気にしないでリゾートに滞在できますので、おすすめです。

また、インドも衝撃的な国の1つでした。発展途上国に行ったことで自分の考え方が変わりました。国民の生活環境や公共設備、インフラなど、日本とは異なります。ホテルには必ず大きな門があり、看守が数名いてセキュリティゲートが設けられていま す。旅行中に道ばたで亡くなっている方を数名見かけました。インドに行ったことにより、日本がいかに安全で恵まれているかを実感することができました。国の豊かさや日常生活のありがたさを知ってもらうために、子供が大きくなったら必ず連れて行こうと思っています。

映画の世界やテレビの中の世界で終わらせるのではなく、このように実際に経験してみなければわからないことはたくさんあります。

今はインターネットであらゆる情報を知ることができますが、やはり実際に経験してみなければ、自分の感性を磨くことはできません。現地での様々な経験が国際感覚を養い、またビジネスのアイデアにも繋がると思っています。

今日から行動

体験にはお金を惜しまない

Doing 8

大切な人に経験をプレゼントする

私が大好きなお金の使い方があります。それは、大切な人にプレゼントをすることです。このお金の使い方は、ある尊敬する歯科医師の先生から教わりました。

どんなものをプレゼントするかというと、旅行や食事などの「経験」です。

旅行であれば、大切な人に「旅行に行っておいで」とプレゼントします。食事の場合は、一緒に食事をしたり、あるいは「大切な人と食事に行っておいで」とプレゼントします。

プレゼントするのは、自分が経験して良かったと思えるホテルやレストランです。自分が経験して良かったことを、大切な人にも味わってほしいという思いからです。

物をプレゼントすることもあります。例えば本や、好きなアロマや、おいしい味噌をあげたり、誕生日や記念日に花やワインを贈ったりします。贈る際は、必ず手紙やメッセージをつけるようにしています。

お金そのものや、金券、ブランド品をプレゼントするようなことはしません。自分が良いと思った物をさり気なく渡すようにしています。金額的な価値よりも、感謝の気持ちを伝えることを大事にしているのです。

プレゼントをすると、相手にとても喜んでもらえます。喜んでくれる姿を見ていると、自分の幸福感が上がります。だから、もっともっとしてあげようと思います。

相手からの見返りを期待してプレゼントをしているわけではありません。でも、そういうお金の使い方をしていると、結果的に自分のところに戻ってきます。

例えば相手がビジネスパートナーであれば、私が悩んでいる時に、一緒に親身になって解決策を考えてくれます。また、そのビジネスパートナーの奥さんからは「あんなに良くしてくれる人を裏切っちゃダメよ」と言われるそうです。

プレゼントをすることで、そういう良い循環が生まれます。

お金は、私にとっては血液のようなものです。使えば戻り、戻ってまた使えば戻ってくる。ただし、**お金は良い使い方をしないと戻ってこない**と思います。そのため、いかに良いお金の使い方ができるか常に考えています。

今日から行動

1人でもよいので喜ばれる贈り物をしてみる

Doing 9

子供に現金は与えない

自分の子供には、お金を与えるのではなく、なるべくお金で買うことのできない体験の場を与えるようにしています。

例えば、昨年の夏は子供を海外のサマースクールに参加させました。他の国々の子供たちと大自然の中でハイキングをしたり、湖で泳いだり、ロッククライミングをしたりしながら、国際感覚を身につけてもらいたかったからです。

また、無形資産として人生で重要な人脈を築くことも目的の1つです。子供を海外へ留学させているのは富裕層の方が多いので、親である私の人脈も広がります。まさに一石二鳥ですね。

私自身は海外の大学院へ留学した時、英語で非常に苦労しました。歯医者の免許を取ってから英語を勉強したので、死ぬほど苦労したのを今でも覚えています。そのため、子供には早めに英語に触れる体験をさせたいと思ったのです。

このような**子供の意識を変えるような体験には、お金を惜しまずに使う**ようにしています。

先日は、栃木県で子供と一緒に熱気球に乗ってきました。私も初めて乗りましたが、熱気球は飛行機やヘリコプターなど音の大きい乗り物と違います。エンジン音がないのです。人の乗ったカゴが無音でフワッと空中に浮かぶのは、他では得難い素晴らしい体験でした。ワンボックスの車から球皮、バーナー、バスケット（カゴ）などの熱気球の構造体を運び出し、パイロットと子供と一緒に熱気球を組み立てました。このような体験は恐らく一生忘れないでしょう。

どういう理屈でカゴが空に浮くのか？　ワンボックス車から出てきた物体があれほど大きな熱気球にどうやって変身するのかなど、いろいろなことに興味を持ってもらえます。

また私は、Jリーグの浦和レッズのスポンサーをしている関係で、選手と手を繋いで入場する「フェアプレーキッズ」の権利を買って子供たちに体験をさせています。

この権利は、小児歯科医院の患者さんたちにも毎年、抽選でプレゼントをしています。大好きな選手と一緒に手をつなぎながらフィールドに出ることにより、よりサッカーに興味を持ってもらえるかもしれません。

実際に歓声の中、主役である選手と一緒にフィールドのど真ん中に立つというのは、大人になってからはできません。いくらお金を積んでもできない体験ですよね。こんな体験をした子供たちは何かを感じ取ってくれているかもしれません。もしかすると、未来のJリーガーが誕生するかもしれません。

一方で、子供に現金は一切与えません。子供に現金を与えると、お菓子やおもちゃなどに浪費してしまうからです。お金の大事さを忘れ、場合によってはお菓子の食べ過ぎで体を壊してしまうかもしれません。

子供には様々な体験をさせてあげることで、より人生が豊かになると考えています。

今日から行動

子供にお金は与えず体験を与える

Doing 10 お金がなくても寄付をする

アメリカの大学院に留学していた頃、驚いたことがあります。それは、アメリカでは寄付をする人がとても多かったことです。路上にホームレスがいると、かなりの数の人が寄付をしていました。中には100ドル札を平気で渡す人もいました。宗教が異なるせいもあると思いますが、日本ではあまり考えられないことです。

アメリカの人々は、奉仕の意識が強いように思います。奉仕することが、巡り巡って自分に返ってくるという考え方があり、子供の頃から寄付をする習慣が定着しています。

知り合いの成功者を見ても、寄付活動をしている方が複数名います。

ビル・ゲイツ氏や松下幸之助氏など、多くの著名人も財団をつくって社会にお金を還元しています。こうした成功者の中には、まだお金を持っていなかった若い頃から、ボランティア活動や寄付行為をしていた人が多いようです。ボランティア活動や寄付行為を通じて、「世の中のためになることをする」感覚を養っていたのではないかと思います。

つまり、成功者には、ボランティア精神や寄付精神をもともと持っている人が多いということです。そういう人たちには、「社会に何か価値のあることを還元することによって、自分のところへ戻ってくる」という感覚があるのかもしれません。

「お金持ちになったら寄付をします」という人がいます。しかし、そういう人は恐らくお金持ちになっても寄付はしないでしょう。そういう人は、いつから自分がお金持ちになったのかわかりません。**もし成功したいのなら、お金のない頃から少しでも寄付をして、世の中の役に立つ習慣を身につけておくことが大切**だと思います。

まだ寄付をしたことがないという人は、10円でも100円でもいいので寄付を始めてみてはどうでしょうか。大事なのは、金額の大きさではなく、寄付をして誰かの役に立とうとする気持ちです。その気持ちを養っていくことが、社会的に成功するために欠かせない要素ではないかと思います。

今日から行動

機会あるごとに寄付をする

Doing 11 国の優遇制度は最大限利用する

２０２５年の現在、「新ＮＩＳＡ（ニーサ）」と「iDeCo（イデコ）」、この２つの国の節税制度を有効活用できれば、老後資金が不足する問題、いわゆる「老後２０００万円問題」はクリアできます。

ＮＩＳＡは「少額投資非課税制度」です。株式や投資信託などの金融商品に投資すると、通常はその売却益や配当に対して約20％の税金がかかりますが、ＮＩＳＡ口座で運用すれば、投資から得られた利益が非課税になる制度です。

２０２４年１月から始まった**新ＮＩＳＡは、非課税投資枠が最大１８００万円、非課税保有期間が無期限と大きく拡充**されました。売却した場合は、翌年にその分の非課税枠が復活します。この非課税枠は個人ごとなので、夫婦それぞれが活用すれば最大３６００万円まで非課税で運用できます。

年間投資上限金額は「つみたて投資枠」１２０万円と「成長投資枠」２４０万円、合計

360万円あります。

資金力があれば、最短5年で1800万円に到達します。早めに多くの運用枠を埋めるほど、長期運用による複利効果で大きなリターンが期待できます。

『家庭の金銭学』（リック・イーデルマン、金融財政事情研究会）という本に、弟のジャックと姉のジルの投資の話が登場します。

ジャックは18歳から26歳まで毎年50万円ずつ積立投資を続け、その後は放置しました。投資総額は400万円です。一方のジルは、26歳から65歳まで40年にわたって毎年50万円ずつ積立投資を続けました。投資総額は2000万円です。

2人とも投資商品は同じで、年利10%です。65歳の時点で、ジャックの総資産は2億5878万円、ジルの総資産は2億2129万円です。ジャックはジルよりも8年早く投資を始めたことで、ジルの5分の1の投資金額でジルを3000万円も上回る総資産を築きました。いかに**早く投資を始めて長期運用することが大切**かがわかります。

もう1つのiDeCo（イデコ）は、自分で掛金を運用し、老後資金をつくる年金制度（個人型確定拠出年金）です。税制上のメリットは、①所得税・住民税が軽減できる、②運用益が非課税、③受取時に控除が適用される、の3つです。**税金は富裕層にとって最も大きな支出です。それだけに、節税できるiDeCoを活用することは大きなメリット**になります。

一方、iDeCoのデメリットとしては、年金制度のため、原則として60歳になるまでは資産を引き出すことができません。

その他、元本割れのリスク、手数料の発生、受取時の課税などがあります。それでも、年収が高かったり資金のある人にはおすすめの制度です。

この2つの制度は、国が用意してくれたボーナスだと思います。富裕層も含めて、誰にとってもメリットのある制度なので、活用しない手はありません。

今日から行動

新NISA（ニーサ）とiDeCo（イデコ）を活用して投資する

Doing 12

燃えないものに投資する

世の中の成功者には、膨大な資産を守るための原則のようなものがあります。その1つが「火をつけても燃えないものに投資する」です。これは、戦争や大規模な自然災害などの有事が起きたとしても資産価値がなくならないものに投資をする、ということです。

「火をつけても燃えないもの」それは、土地と金（ゴールド）などの現物です。

土地を購入する際は、将来の地価の値上がりを予想しますが、これは簡単なことではありません。

土地に投資する時、彼らが必ず確認するのは、その土地が安全かどうかです。ハザードマップを確認するだけでなく、必ず古地図を取り寄せて危険な場所と安全な場所を確認します。例えば、200~300年前に海だったような土地は買いません。昔から栄えていた地域や、災害時に被害が小さかった土地などは価値があります。こうして安全性を確認して、暴落する可能性の低い土地を選びます。

また、不動産投資で中古アパートの購入を考えた場合、土地の値段が元本割れを起こさない物件を購入するのが鉄則です。地方高利回りなどの物件は購入しません。なぜなら地方だと、土地の価値が将来的に下がる可能性があるからです。

不動産投資は一般的にインフレに強く、ミドルリスクミドルリターンと言われています。2025年1月現在は円安が続いており、資材価格の高騰や現場の人件費増加もあり、相場は高騰しています。投資としては判断が難しい時期になっていると感じています。

もう1つの現物である金は、延べ棒（インゴット）として金庫に保管するだけでなく、指輪、ネックレス、時計などの装飾品として保有されることも多いです。金は通貨の裏づけとなるものであり、世界中どこへ行っても換金することができます。もし日本円が紙切れになるようなことがあっても、金の延べ棒があればドルに換えられます。換金性と持ち歩けるという意味では、金には土地とは異なる価値があります。

また、金はインフレになっても価値が下がらない商品とされているので、富裕層はインフレ対策として金を保有していることが多いです。

今日から行動

資産の一部で土地や金（ゴールド）を保有する

Column

腕時計は実用を兼ねた投資

お金持ちの成功者は、時計を「時計」そのものとしてではなく「資産」として捉えます。そのため、購入後に値が下がるような時計はあまり購入しません。例えば100万円で購入して即転売しても150万円で売却できるような、希少性のある時計を購入します。

その代表的なブランドがロレックスです。今、デパートの売り場などに行っても、人気モデルは在庫がまったくないことが珍しくありません。供給量を絞ることで希少価値を高めているのです。

また、時計の世界には「世界3大時計」と呼ばれる時計のブランドがあります。「パテック フィリップ」「オーデマ ピゲ」「ヴァシュロン・コンスタンタン」の3つで、いずれもスイスの高級時計ブランドです。

このうち、人気があるのはパテック フィリップです。ロレックスと同様に供給量を絞っているため希少性が高く、将来的に価値が上がるからです。

時計には、投資商品として他にはない魅力があります。実用性があることに加えて、いざという時に換金できることです。例えば国が存亡の危機に直面した時に、何億円もの現金を一度に銀行から引き出し、アタッシュケースに入れて逃げることは不可能です。しかし、1本何千万円もする時計なら、腕に巻くだけで軽々と出国することができます。希少性の高い時計はどこへ行っても欲しがる人がいるので、高額で換金することが可能です。驚くことに物によっては、購入金額の何十倍になるものも少なくありません。

成功者は、このようにリセールバリューの高い物に投資をします。車も同じです。超高級車のメーカーは同じようなブランド戦略を立てています。彼らがフェラーリやランボルギーニなどの高級スポーツカーを買うのは、2000万円で購入した車が数年後には自分で使用しているにもかかわらず4000万円で売却できるなど、高いリセールバリューが期待できるからです。

なお、車は時計と違い、事故を起こしたらおしまいというリスクがあります。

美術品もリセールバリューのある投資商品の1つです。私の尊敬する方に、財団をつくってバンクシーの作品を、その財団で世界一保有している人がいます。財団としてそのバンクシーの作品を美術館や百貨店に貸し出すことで貸出料を得ており、所有していながらキャッシュを生み出せる資産にしています。

第5章

成功を呼び込む人の、限りある「時間」の使い方

Chapter 5

Doing 1
朝のゴールデンタイムを活用している

第3章でも触れましたが、私は睡眠を大事にしていて、毎日7時間寝るようにしています。基本は夜9時就寝・朝4時起床ですが、時には飲み会などで就寝時刻が遅くなることもあります。そのような時も睡眠時間は削らず、必ず7時間確保するようにします。例えば夜12時に寝た場合、翌朝は7時に起きます。

「毎朝4時に起床する」などと、起きる時間を決めてしまうと、遅く寝た時は睡眠時間を削ることになります。それは健康に良くありませんし、パフォーマンスの低下にも繋がります。大切なのは、毎朝同じ時刻に起きることではなく、睡眠時間の確保です。

自分の場合は7時間が最も睡眠の質が良いと思っているので、いつも就寝時刻の7時間後に起きるようにしています。

なお、最適な睡眠時間は人によって異なります。自分にとって最も良い睡眠時間を把握するために、時間を変えて試してみるとよいでしょう（86ページ）。

朝４時に起きる理由は、朝が脳のゴールデンタイムだからです。疲れた脳が睡眠中に休まることにより、朝は脳が最も活性化する時間です。私は４時に起きてから仕事に出かける８時までの朝の４時間を活用して、生活の質を向上させ、自分のパフォーマンスを高めています。

顔を洗っても朝の目覚めが良くないという人は、歯をブラッシングするとさらに目覚めが良くなります。私も早起きに慣れるまでは起きたら顔を洗い、爽快なミントの歯磨き粉で歯を磨いていました。

朝のルーティンは、睡眠に関する本を約20冊読み、そこに書かれていたモーニングメソッドを端から実践し、最終的に自分に合ったものを選んで行っています。

まず前日、**寝る時は「朝、何時に起きる」と思いながら眠りにつきます。**この自己暗示も非常に大事です。起きると決めて寝るのです。そして、朝はシーリングライトで部屋が明るくなってきたらパッと目覚めます。

寝る前に、この時間に起きると決めているので、二度寝などはしません。眠くても起きたらすぐに顔を洗い、白湯を飲みます。ちなみに白湯を飲むメリットは５つあります。

①内臓を目覚めさせ働きを高める、②腸の働きを活性化させる、③身体を温めて基礎代謝をアップさせる、④むくみの解消、⑤寝ている間に失った水分補給、です。

そして、その後はフリータイムになるので、**瞑想やアファメーションをしたり、新聞や本を読みます。**

瞑想は10分間行います。前半の5分は何も考えずに、ただひたすら自分の呼吸に集中します。何回も深く深呼吸を繰り返します。繰り返していくと、空気が鼻から入り、肺に入っていくのを感じることができます。ベランダで行うか、外の空気を感じるために窓を開けて行うとよいでしょう。

呼吸を繰り返すことで、季節の空気の変わり目も感じられます。何も考えない時間を朝イチで取ると、脳のゴミがリセットされ、いろいろなストレスから解放されてリラックスできます。

瞑想後半の5分は、その日の自分の行動予定をイメージトレーニングし、最後にアファメーションを行います。

イメージトレーニングでは、朝から自分がどのように行動して1日を終えるかを決めていきます。すると、一日をイメージ通りに動けるようになります。

アファメーションとは、自分のなりたい姿を言葉にして繰り返し宣言することです。例えば、短気で従業員につい怒ってしまう自分を変えたい場合は、「僕は絶対にキレない人間だ。今日も怒らない。今日は1回も怒らないと決めた」というように言葉には出さずに頭の中で連呼します。繰り返して脳に刷り込むことで、怒りたくなるタイミングになっても怒りを抑えることができるようになります。

瞑想で前半はストレス発散、後半は1日をイメージし、最後にアファメーションで自己暗示をかけるようにしています。

そして、**朝に最適なのが読書**です。仕事を終えて疲れた状態で読書をするのは非効率です。脳が最も活性化している朝に読むと、内容がどんどん頭に入ります。朝の時間を利用して月に何冊も本を読むルーティンを続けることで、思考が変わり、成功への第一歩へと繋がります。

今日から行動　毎朝のルーティンを決める

Doing 2

スマホに使う時間を最小限にする

スマートフォンでSNSや動画をつい見てしまう、という人は多いのではないでしょうか。**スマホとの付き合い方を変えるだけで、時間効率や生産性はかなり上がります。**

スマホを活用している成功者も多いとは思いますが、限りある時間を有効に使うために、使い方を制限している人も多くいます。

私は2つの工夫をして、スマホには必要最低限の時間しか触らないようにしています。

1つめの工夫は、**通知をオフにする**ことです。通知をオンにしておくと、通知が届くたびに集中が途切れてしまいます。そこで、普段、特定の通知だけを許可する「集中モード」に設定し、家族と歯科医院からの電話以外はすべてオフにしています。

メールもSNSもすべて通知オフです。そして、自分が決めた時間にだけスマホをチェックします。電話は着信履歴が残るので、あとで掛け直します。

大事なのは自分のリズムで着信やSNSの連絡を確認するということです。

他人に時間を支配されると、自分の効率は下がってしまいます。誰かと2人で会話をしていて、相手のスマホにLINEから通知が来るたびに携帯が振動したり、音が鳴って会話が途切れた経験はありませんか？

スマホが反応するたびに、自分の集中力も下がりますが、相手の集中力も下げてしまいます。このように目の前に大事な相手がいるのに、その人との会話に集中できないのです。

もう1つの工夫は、**スマホ画面をモノクロ表示（白黒）にする**ことです。スマホ画面のカラフルな色彩は、脳から大量のアドレナリンを放出させるため、麻薬と同じようにスマホ画面を見るのをやめられなくしてしまいます。その対策としてモノクロ表示にしておけば、スマホを見たい欲求が喪失します。

一度モノクロ表示にしてSNSを見てみてください。どんなにSNSが好きでも、まったく見る気がしなくなりますよ。

その他の工夫としては、時間を決めてスマホを強制的に使えなくする方法もあります。「タイムロッキングコンテナ」という商品は、スマホなどを容器に入れてふたを閉め、タイマーをセットすると、セットされた時間になるまで容器の中身を取り出せなくなる商品です。これを利用すればスマホ断ちができ、やるべきことに集中できます。大事なことを考えたい場合などは、これを使います。

最も簡単な方法は、集中したい時は別の部屋にスマホを置いておくことです。

スマホの機能の中でも、とくに時間を奪うものがＳＮＳです。ＳＮＳは、その人が見たい情報をＡＩが選んで表示するため、私たちはＳＮＳの誘惑に引き寄せられてしまいがちなのです。

ヨーロッパでは、ＳＮＳを規制する動きがどんどん進んでいます。スウェーデンの精神科医アンデシュ・ハンセンの著書『スマホ脳』（新潮社）によれば、スウェーデンではＳＮＳの利用によって若年層を中心にうつ病や精神障害になる患者さんが激増しているそうです。

いい部分だけが切り取られて投稿される他人のＳＮＳを見続けたり、自分の投稿に「いいね」がつかなかったりすると、どんどん自己肯定感が下がっていき、精神を病んでしまうのです。

インフルエンサーたちは、キラキラした日常をお金を使ってつくって投稿することもできますし、今では画像生成ＡＩでいくらでも画像をつくり出せます。インフルエンサーからしてみれば、エンドユーザーにいかに商品である投稿を見てもらうかが彼らの収入に繋がりますから必死です。

インフルエンサーやＳＮＳ企業を儲けさせるために、わざわざ自分の貴重な時間を使うのは馬鹿馬鹿しいと思いませんか？　ＳＮＳに時間を費やすのは、健康を害する本当に無駄な行為だと思います。

まずは、スマホ依存から脱却する方法を考えてみてください。スマホを見ないことによってできる時間を読書や家族、友人などとの会話にあてたり、より生産的な活動に使うことで人より抜きん出ることができます。

今日から行動

スマホの通知は切り、集中モードとモノクロ設定にする

Column

年末に毎年の10大ニュースを書き、年初は目標を書く

毎年年末には、必ずその年の10大ニュースを手帳に書くようにしています。ポイントは過去3年分は捨てずにとっておくことです。

前年や前々年の内容と比べることで、自分や家族の成長ぶりを確認できます。10大ニュースを書くことで、その年にどんなことが自分に起きたのかよくわかります。3つ4つはパっと思い出せても、10個の出来事はなかなか出てきません。これを3年分くらい見返すことで、自分や家族がどのくらい成長できているか、できていないのかよく理解できます。これが、1年の最後の日に自分や家族のことを振り返る良い習慣になっています。

我が家は正月を迎えたら、必ず家族でそれぞれ年間の目標を立てます。自分の場合なら「夏休みにハワイへ家族旅行に行く」「妻と週1回デートする」、娘の場合は「友達を5人つくる」「英語が少し話せるようになる」といった具合です。立てた目標はだるまの裏に書き、左目を入れて、いつでも見える場所に置いておきます。そして、その年の大晦日に、家族全員で実現できたかどうかをだるまを見ながら

発表し合います。できなかったことがあれば、翌年のだるまにまた書きます。

例えば、昨年のだるまに「週１回、家族との時間を必ずつくる」という目標を書きました。しかし、残念ながら忙しくて達成できませんでした。今年こそは達成しようと思い、だるまに同じ目標を書きました。そして、どうすれば改善できるかを考え、強制的に家族との時間をつくることにしました。

つまり優先順位を上げて予定を先に入れたのです。毎週「家族の日」を決めて、その日は仕事を休みにして、何が何でも予定を入れないようにしたのです。

同様に歯科医院でも、大きなだるまの裏に幹部と一緒に目標を書いて診療室に置いています。１つのだるまにたくさんの目標を書きますが、９割くらいは叶います。だるまをいつも見えるところに置いておくことで、潜在意識に刷り込まれますし、ＰＤＣＡを回しているので、努力して何とかなるようなものはだいたい実現できます。

だるまは縁起物なので、「験《げん》をかつぐ」という意味もあります。１年の始まりに目標を立てるのは、行動を変える良いタイミングでもあります。また、だるまに目標を書くことは、子供たちにとってはエンターテインメントの要素もあります。わが家では、正月といえばおせち料理とお雑煮とだるま、というのが子供たちの中にすっかり定着し、それと併せて１年の目標を立てることも習慣化されています。

Doing 3

PDCAを常に回す

もしあなたが年収1億円を目指すとしたら、達成する期限を決めて、そこから逆算して、やるべきことを決めていく必要があります。

「年収1億円を稼ぐには、どんなビジネスでどれだけの収益が必要で、そのためにはどれだけの規模感が必要で…」と逆算していくと、どのタイミングで何をすべきかが明確になります。

何もないところから急に年収1億円を稼ぐことはできません。**大きな目標を達成するには、そこに至るまでの道筋を考えることが不可欠です。そして、それを実現させるための手段が王道ではありますが、「PDCA」なのです。**

PDCAとは、「Plan（プラン、計画）→Do（ドゥ、実行）→Check（チェック、評価）→Action（アクション、改善）」のサイクルを回すことで、業務を改善したり目標を達成

■ PDCAを回して目標を実現する ■

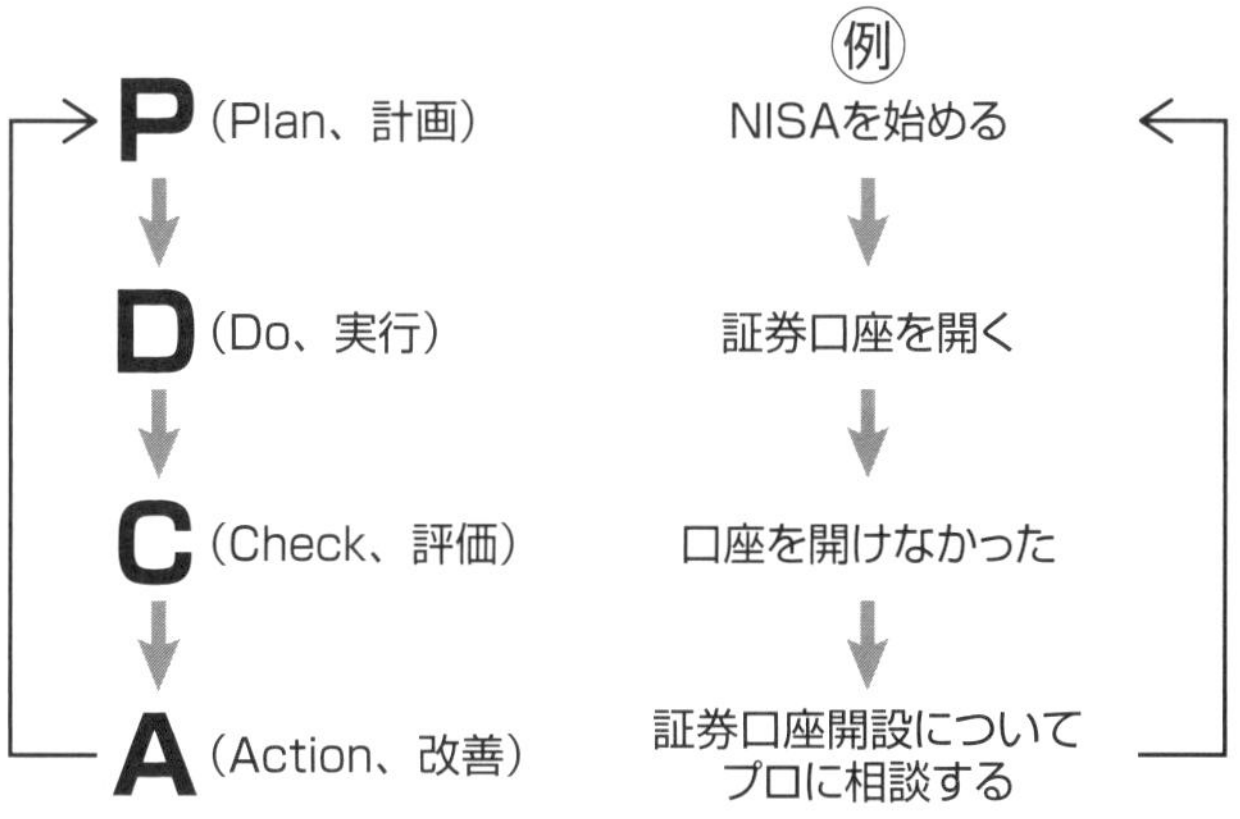

する手法です。

私は、自分の立てた長期的なビジネスプランに基づき、毎年目標を定め、それを達成するために月単位のプランに落とし込みます。そして毎月、そのプランが実行できたかどうかを月末に評価（チェック）します。そのため月末にホテルに1人で宿泊し、ＰＤＣＡの時間を確保しています。

ＰＤＣＡの中で最も重要なステップがAction（改善）です。その月に実行できなかった場合は、翌月に実行できるようにするためにどう改善するかを考えます。その改善をもとに、翌月のプランを修正します。

例えば、ＮＩＳＡ（少額投資非課税制度）を始めることにしたとします。その月のプランが「証券口座を開いてＮＩＳＡの手続きをする」ことだったとします。それが実行できなかった場合は、なぜできなかったのか、どうすれば翌月にできるかを考えます。

もし時間がなかったのが理由なら、「この日に必ず証券会社の口座を開く」と決めてしまったり、わからないことがあるなら「プロの人に相談する」など、具体的な対策を考えて計画を修正すれば、できないことはありません。

ＰＤＣＡを実践すれば、自分がやりたいことを必ず動かすことができ、大抵の目標は実現できます。

大事なのは中長期的な目標を立て、それを1年単位で常に見直し、1年単位での目標を月単位で細かく分けていくことです。あとはＰＤＣＡをしっかり回すだけです。

今日から行動

月末にＰＤＣＡの実行状況をチェックする

Doing 4

害のある人とは付き合わない

成功する人は時間をとくに大事にします。ですから、大切な時間を奪うような人とは付き合いません。足を引っ張る人や「百害あって一利なし」のような人とは、付き合うだけ時間の無駄だと考えています。

アメリカの組織心理学者、アダム・グラントが著した『GIVE & TAKE 「与える人」こそ成功する時代』（三笠書房）によると、人間には３つのタイプがあるそうです。

ギバー、テイカー、マッチャーの３つです。それぞれ解説していきます。

ギバーは、人に多くのものを与えようとするタイプです。まず最初に、与えることを考えます。

テイカーは、自分の利益を最優先し、人に与えるよりも人から多くを得ようとするタイプです。成功者が最も距離を置くタイプです。テイカーに有益な情報は提供しません。

最後がマッチャーですが、相手に合わせて損得を計算するタイプです。相手によりギバーにもテイカーにもなるタイプです。基本的には、相手が何かをしてくれたから、相手に何かをしてあげようと考えます。

割合で行くとテイカーは19％、ギバーは25％、マッチャー56％と言われているそうです。多くの方がこのマッチャータイプに当てはまるのではないでしょうか？

では、どのタイプが得をするのか？　そして、一番損をするタイプはどのタイプでしょうか？

一番損をするタイプは、ギバーです。ギバーの中でも、自己犠牲型のギバーは絶対にダメです。自分の時間や労力を使って自分が疲れていってしまうタイプです。

では、どのタイプが一番得をしたでしょうか？　これも実はギバーです。

皆さんテイカーではないかと思われたのではないでしょうか？　多くの方がマッチャーなので、テイカーは一時的に得をするかもしれませんが、その後、大多数のマッチャーはテイカーに協力をしません。そのためテイカーは長続きしません。

得をするタイプの調査で、一番成績が悪かったのも一番成績が良かったのも、ギバーという不思議な結果でした。

テイカーはやってもらって当たり前とか、相手に依存する人たちのことです。テイカーに何かをやってあげても、ラッキーと思われ、もっと頼もうとなってしまいます。このような人にギブをし続ける自己犠牲型のギバーが一番気をつけなければならないタイプです。自己犠牲型タイプはどんどん消耗していってしまいます。皆さんの周りにもいるのではないでしょうか?

では対極の成功するギバーはどういう人でしょうか? 成功するギバーは、他人のことも大切にするが、自分のことも大切にするタイプです。お互いがwin-winになれるギバーです。

知人に、ニコニコしながらひたすら人脈を繋げて、結果的にどんどんビジネスを拡大させている人がいます。常に、困っている人を助けようと、全力で人繋ぎをしてくれますので、周りには優秀な方がいっぱいいます。

この人の周りの優秀な人から話を聞くと、「あの人のためなら何でもやります」「あの人には常にお世話になっているので、今回は利益なしでも仕事を受けます」「いつも良質なお客さんを紹介してもらっているので、結果的に利益を回収できています」という方がたくさんいます。結果的にその人は「三方よし」を実践していました。

三方よしとは、「買い手よし、売り手よし、世間よし」という近江商人が大切にしていた精神のことです。今では、「相手よし、自分よし、すべてよし」とも言い換えられます。私は人に与えることを考えながら、この「三方よし」にどうすればなるかを常に考えます。マッチャーに対してギブすることで、結果的に協力者がいっぱい増えていきます。

成功している人には、自分が得るよりも多くを人に与える「良質なギバー」が多くいます。

今はマッチャー思考であっても、今日から良質なギバー思考に変えていくことはできます。他人と自分を大切にできる、三方よしの考え方をしていくと協力者が増えて人生が豊かになっていきます。

何よりも大事なのは、相手に与えながら三方よしにどうなれるかを意識し、ニコニコしながら寄ってくるテイカーなど距離を置くべき人間と距離を置くことです。

今日から行動

「三方よし」を考えた良質なギバーになる

Doing 5 二次会には行かない

私たちが生きている時間には限りがあります。成功者の多くは、このことを強く意識しています。ですから、無駄な時間の使い方はしません。

無駄な時間の使い方の1つに、会食や宴会などの二次会があります。一次会にはよほどのことがない限り基本的に参加しないようにしています。

一次会は食事をして、同席している人たちとコミュニケーションが取れる大切な時間です。一方、二次会になるとお酒が進み、どんなことを話したかほとんどの場合、あまり覚えていませんし、お金も使います。

深酒をしがちなため、無駄なものも食べ、睡眠の質が下がり、健康にも良くありません。翌日のパフォーマンスにも著しく影響します。

ただし、尊敬する人からお誘いしていただいた場合は喜んで行きます。そこで、その人の話が聞けるのは時間以上に価値があると思うからです。

通常は自分から二次会へ誘うことはありませんし、誘われても断って帰ることがほとんどです。**断るのが気まずい場合は、「行こうよ」と言われる前にスッとスマートに立ち去りましょう。**ほとんどの人が次に会う時には忘れていますので、ご安心ください。

ちなみに、**大切な人との大切な食事はなるべく2人で行く**ことにしています。なぜなら、人数が増えると、その人との会話に集中できなくなるからです。

私は、歯科医院の勤務医とは、必ず2人でご飯に行くようにしています。相手が結婚している場合は、大切な人の大切な人として配偶者を誘うこともあります。

今日から行動

二次会の前にスマートに立ち去る

Doing 6

やらないことリストをつくっている

やるべきことを忘れないように「TO DOリスト」をつくっている人は多いと思います。しかし、**生産性を高めるには「やらないことリスト」のほうが実は大事**です。「やらないこと」を決めておかないと、何でも自分でやる羽目になり、本当にやるべきことができなくなるからです。

私は、「自分ではやらない」と決めたことは、やらずにすむ方法を考え、信頼できる人に任せます。

例えば、私のやらないことリストには、法務、税務、労務、そして苦手な診療、などがあります。法務は弁護士に、税務は税理士に、労務は社会保険労務士に、そして苦手な診療は得意な医師に任せています。

また、苦手なスケジュール管理や一部のメール返信などは秘書に任せています。そうすることで、自分にしかできないことや、より生産性の高い仕事に時間を使うことができるのです。

「やらないこと」を信頼できる人に任せるには、良い人脈やチーム形成が必要です。困った時に相談すれば、その分野で卓越した人を紹介してもらえるような人脈を持つことが、あなたの無形資産になります。


人脈が役立った例を1つ紹介します。以前、父の経営する歯科医院が、入居するビルのオーナーから建て替えのために立ち退きを求められました。その際、立ち退き料で折り合いがつかず、ビルのオーナーは地元の弁護士を立ててきました。

父は悩みに悩んでいろいろと模索をしていました。父に相談された私は、人脈をフルに活かして最高の弁護士を探しました。その結果たどり着いたのは、弁護士の中でも「不動産ならこの人」と言われるような、トップ3%に入るほどの人でした。

その弁護士に依頼したところ、問題は一瞬で解決しました。この問題を早期に解決できたポイントは、弁護士の中でも不動産案件ならこの人、という弁護士に依頼することができたことです。弁護士費用は高額でしたが、結果的に、それ以上の立ち退き料を受け取ることができました。

「自分でやらないこと」を人に任せるのは費用がかかりますが、もっと手軽に実現する方法もあります。その代表例が家電製品です。

例えば、洗濯物を干さなくてもいいようにするには、乾燥まで全自動でやってくれるドラム式洗濯機を購入すれば解決します。また自分で掃除をしないと決めたら、お掃除ロボットを購入すれば解決します。

そうすることで、洗濯や掃除に費やしてきた時間を別のことに使うことができます。お金をかけずにできる「やらないこと」もあります。例えば、LINEなどのSNSで返事をする時間がもったいなければ、「家族以外にはこの時間だけしか返事を返さない」と決意して実践すればいいだけです。あとは、自分から会話をしない無駄なグループLINEから抜ける、などの方法もあります。

人間に割り当てられた時間は、皆平等で有限です。やることを羅列させるより、逆に、自分がやらなくてもいいことを明確にして切り捨てることで、時間をより生産的に使うことができるようになります。

今日から行動

まず自分でやらないことを決める

Doing 7

デジタルに触れない時間をつくる

知り合いの経営者にすすめられて、2年ほど前から一人旅をするようになりました。

元々、一人でいるのはあまり好きではありません。せっかくどこかへ行くなら、誰かとお喋りしながらワクワクした気分を共有したいタイプです。でも、一人旅をしてみると、いろいろなことをじっくりと考えることができ、とても有意義な時間を過ごすことができました。


行き先は、もっぱら海や山などの自然に囲まれた場所です。

この一人旅のポイントは、なるべくデジタル機器をオフにすることです。そうすることで自分の思考や感性に集中することができます。シーンとした場所で、ひたすらボーッとすると驚くほど頭がすっきりします。恐らく瞑想に近い状態をつくり出すことができているのだと思います。

ボッーと目の前のきれいな景色を見ながら、呼吸などに集中していきます。ストレスはどんどんなくなり、目の前の景色により感性が研ぎ澄まされていきます。そして最終的にすっきりした頭で、その景色を見ながら物事を考えると、より思考が冴えてきます。

そんな中で、自分の人生や家族について考えたり、人生100年カレンダー（59ページ）を見直したりします。長いスパンで物事を考えるには、雑音が入らず、日常から解放されたこのような環境がぴったりです。

あらかじめ考えるテーマを決めて出かける時もあります。例えば、新しいビジネスのアイデアや、自分と家族の健康、これからの生き方についてだったり。そういう時は、そのテーマに関連する本を数冊購入し、移動中に読み、宿でゆっくり考えます。1泊すれば、考えは概ねまとまります。

私はデジタル機器を自分でコントロールしていなかった時代、一番落ち着く場所が国際線の飛行機の中でした。なぜ落ち着く場所が国際線の機内だったかというと、かつて機内ではデジタル機器を切らなければならず、強制的にシャットアウトされていたからです。

インターネットが繋がらないところであれば、連絡が来ることもなく、誰からも邪魔

が入ることはありません。

今では機内でインターネットに繋げられるようになりました。しかし、私は絶対にインターネットに繋ぎません。フライト中にデジタルデトックスをして本を読んだり、思考を巡らせることができるからです。

先に述べた一人旅と、デジタル機器から離れる生活は、一度経験すれば、その良さを実感することができて病みつきになるでしょう。

今日から行動

一人になる時間を意識的につくる

Doing 8 行列には並ばない

行列に並ぶことは、これこそ時間の無駄だと思います。**行列に遭遇しそうな時は、いつもどうすれば行列に並ばずにすむかを考えます。**

行列の中でも、個人的にあり得ないと思っているのが、食べ物のために並ぶことです。過去にタピオカなどが流行した時も並びませんでした。もし、どうしても食べたいと思ったら、並ばずにすむような時間帯に行きます。

例えば人気ラーメン店だったら、朝イチで行けば大抵並ばずに入れます。流行っていたタピオカなど、ブームが去ったあとに行くのも１つの方法です。

遊園地も行列がつきものです。富士急ハイランドには、並ばずにアトフクションに乗れるチケットがあります。

遊園地では「並ぶ時間が楽しい」という人もいますが、長時間並ぶくらいなら、そうしたチケットを購入して、より多くのアトラクションに乗って、多くの経験をしたほうがいいと思います。

また、これはお金がある人の特権ですが、百貨店で取り扱っているものであれば、外商を通じて欲しいものを優先的に入手するという方法もあります。

私が尊敬している方で、皆が欲しがるエルメスのバーキンやパテック フィリップの腕時計を何本も外商から購入している方がいます。その人は百貨店の外商からパテック フィリップやエルメス以外のものも、いっぱい買っていました。

外商から優良顧客として認められることで、優先的に良い情報をもらっているわけです。彼らも商売ですので、優良顧客に順位をつけて管理をしています。優先的に購入してくれそうな層から話を持っていくのは、ビジネスとして当たり前ですよね。

今日から行動

並ばずにすむ方法を考える

Doing 9 朝にミーティングを開いている

成功している方々は、朝食をとりながら会議や打ち合わせをする「ブレックファーストミーティング」をよく開催します。

彼らがブレックファーストミーティングを好む理由は主に2つあります。1つは、どんなに多忙な人でも、朝なら時間が取りやすいこと。そしてもう1つは、朝は脳の疲れが取れ、頭がスッキリした状態なので効率が良くなるからです。

夜の会食だと、仕事を終えて疲れた状態で参加するため心理状態も安定しません。そしてお酒も入るので大事な商談をしても、結果的に細かいところはよく覚えていないこともありえます。

その点、朝は会話がスムーズに進みますし、決断も早く効率が良くなります。

ブレックファーストミーティングは、自宅に招かれることもあれば、ホテルの朝食会場で待ち合わせることもあります。時にはホテルのスイートルームを借りて、朝食のルームサービスを利用するケースもあります。

そこまでする理由は、記憶に残る場をセッティングすることで、ミーティング参加者との縁を大切にし、さらに次の機会へと繋げるためです。有名ホテルの朝食会場では、ブレックファーストミーティングをしている方をよく見かけます。海外の方の割合が多いように思います。

ホテルによってはブレックファーストミーティング用のコース料理を用意しているところもあります。

私の医療法人でも、大事な会議や大きな行事の前は幹部を集めてホテルで朝食をとることがあります。朝から朝食をとりながら、議題に沿って話を進めると効率が上がります。一度ブレックファーストミーティングをやってみると、その良さを実感できると思います。

今日から行動

ブレックファーストミーティングを設定する

Doing 10
歩くことの効果を知っている

私は時々、朝7時半くらいから医療法人の理事と近所を散歩します。近所を歩くのは、朝のちょっとした時間でもすぐ行動に移せるからです。

その時は、様々なことを話します。家族のこと、仕事のこと、そしてお互いの考えや新しいビジネスの発想などです。

歩く時は、通勤でいつも歩いている道とは違うコースを通ります。いつもと違う道を歩くことで、新しい発見をできることがあります。

ポイントは、人が多い場所は避けることです。普段は気にしない看板やお店、空き地や人々など、歩きながら地元の新しいスポットを発見すると、これはビジネスになるかもしれないとか、顧客の動向や思考なども観察できます。

良い土地などが見つかれば、そこで不動産投資もできてしまうかもしれません。

ちなみに、マーク・ザッカーバーグ氏（メタ創業者）やジャック・ドーシー氏（ツイッター共同創業者）も好んでウォーキングミーティングをしているそうです。

また、**医学的にも、歩くのは健康に非常に良く、朝から日光を浴びながら軽い運動もできる**ことになります。

朝は血糖値も低いので脂肪を燃焼させやすく、基礎代謝を上げることが可能です。20分以上歩くと有酸素運動にもなります。また日光を浴びることにより、脳内物質のセロトニンという幸せホルモンが分泌されることが知られています。

また、皮膚に紫外線を浴びることによりビタミンDが生成されます。ビタミンDは骨を丈夫にするホルモンです。朝は太陽の光も比較的弱いので、健康に良い日光浴になります。

筑波大学の研究によると、10分の軽い運動を行ったあとにＭＲＩで脳の活動を検査したところ、海馬とその周囲の活動が高まっていたという報告があります。海馬は人の記憶に大きく関わる部分です。

スタンフォード大学が２０１４年に行った研究によると、トレッドミル（室内でランニングやウォーキングを行うための機器）の上を歩きながら創造性を測るテストを受けた場合、座ったまま受けた場合と比較して81％もスコアが良かったとされています。つまり、歩いている時は創造性思考が高まるということです。

また、室内での会議だとお互いの顔が見えるような席の配置になります。一方、**ウォーキングでは同じ方向を向いて歩きます。これにより上下関係を感じにくく、威圧感が緩和され、よりフラットに発言をすることができます。さらには同じ方向を向きながら歩くため、立場を超えて一体感を生み出す効果もあります。**

今日から行動

歩きながらミーティングをする

Column

クスリの反対はリスク

病気になって医師に診察してもらった時に、薬を処方してくれる医師がいい医師で、薬を処方してくれない医師は悪い医師だというイメージはないでしょうか？

しかし、私はそうは思いません。薬を飲まなくても他の方法で治せるなら、薬は飲まなくてもいいと考えるからです。

例えば、高齢者に高血圧が見つかると、血圧を下げる薬が処方されることが多くあります。しかし、高血圧は運動や食事によってコントロールすることができます。ひとたび薬を処方されると、ずっと飲み続けることになってしまいます。

また、心療内科や精神科などに行くと、やはり薬が処方されます。不安になったり眠れないからといって薬を飲み始めると、薬をやめられなくなってしまいます。

医師にとって薬を処方することは、薬価の点数を稼ぐことができ、収入増に繋がります。したがって毎回薬を取りに来てくれる患者さんは、医師や製薬会社にとっては〝優良顧客〟になります。

一方で、「あなたはまだ飲む必要ないよ」と薬を安易に処方しない医師もいます。そういう医師は、恐らく患者さんのことを考えて、飲む必要のない薬は処方しないようにしているのだと思います。なぜなら、薬は化学合成物質であり、薬を飲み続けることには何かしらのリスクがあるからです。薬の反対は〝リスク〟です。薬を飲み続けることによって体が受けるダメージを十分に理解する必要があります。

薬は対症療法に過ぎません。飲む必要のない薬は飲まないに越したことはないのです。病気の原因を根本的に治すためには、生活習慣を改めたり、体の免疫力を高めるなど、根本的な治療法を追求すべきです。

例えば、血糖値が高いからといって、血糖値を下げる薬を飲むだけでは何も解決しません。まず運動や食事などを見直すことが根本的な解決法です。信頼できる糖尿病の専門医であれば、食事や運動などの指導をしてくれるはずです。そのように病気と正しく向き合ってくれる医師を探すことが大切です。

私も、もちろん自分で治せない病気の場合は薬を飲みますが、必要のない薬まで処方されるリスクをよく理解しているので、医師に言われるまま薬に頼ることはありません。疑問に思うことがあれば、必ず第三者の医師に相談するようにしてください。

対症療法ではなく、本質的な解決法に目を向けることが大切です。

第6章

成功をつかむ人の、
成長を加速する
「勉強法」

Chapter 6

Doing 1

第一人者に倣《なら》っている

私はこれまで、ビジネスで新しいことを始める際には、必ずその分野を切り拓いた第一人者に直接会って話を聞き、その人のやり方を「徹底的にパクる」（頭文字を取って「TTP」）ことによって速やかに軌道に乗せてきました。

例えば歯科医療の技術分野なら、英語論文を一番に発表して、世界的に認められた人物に会いに行き、直接教えを請いました。

その人が外国人であれば、海外のどこであっても会いに行きます。その人が自国で開催している数回に及ぶセミナーがあれば、直接申し込んで参加します。彼らが日本に呼ばれて講演することもありますが、その際は、自国で行うセミナーのほんの一部を話しているに過ぎません。

話を聞く相手は、二番手や三番手ではなく、必ず一番手であるファーストペンギンでなければいけません。

なぜなら、ファーストペンギンは成功に至るまでに数多くの失敗を経験しているからです。そうした失敗談などの裏話は、公の場ではなかなか聞くことができません。そのため、**直接会って話を聞き、徹底的に模倣することで、同じような失敗を避け、成長を加速させることができる**のです。

入念に学びたい場合は、一度だけでなく何度もその人のところに足を運びます。最初に聞いたことを持ち帰って実践し、それを検証したデータを携えて、改めてその人のもとを訪ねるのです。そうすると、また別の見地からアドバイスをもらえます。そんなことをしていると、私のことを覚えてくれます。そして、もっと教えてくれるようになるので、成長はさらに加速します。

私は、インプラントを埋入するための骨をつくる技術を第一人者から学ぶために、ハンガリーのブダペストにトータルで何十回も1週間滞在して勉強をしました。かなりの時間と費用を投資することになりましたが、第一人者の先生とは非常に仲良くなりました。

結果的に、この技術は私の武器になり、日本でのファーストペンギンになることができました。

新しいことを始める場合、まずはＴＴＰがマストです。成功している人のやり方を徹底的に模倣すれば、試行錯誤の時間を最小限にできるので、無駄な時間や労力をかけずにすみます。

その技術や知識を自分のものにできたら、次のステップとして、自分のオリジナルにアレンジすればいいのです。0を1にするのは時間がかかります。ここが皆、なかなかできません。ただ、**その過程を成功モデルから吸収することができれば、1を100にするのはそれほど難しくはありません。**

私は歯科医療の分野で歯周病治療のほか、小児矯正歯科や予防歯科、訪問歯科にも取り組んでいますが、いずれもこのやり方で自分たちのスタイルを実現させてきました。

経営も同じです。

一流の経営者に会いに行って話を聞き、その人がすすめるセミナーに参加し、その講師に認められるような行動をして、その方の側近にしてもらえれば一流の仲間入りです。そうした異業種のコミュニティには様々な一流の経営者が集まります。その環境に身を置くことで、人生のレベルを引き上げることができるのです。

今日から行動

第一人者のセミナーや講演会に参加する

Doing 2

経済の深い知識をつける

ビジネスで成功するには、経済の動きを知ることが不可欠です。ビジネスで重要なのは外部環境を読むことです。世の中の外部環境が常に一定であることはありません。

最近では、2020年のコロナウイルスで、まさに世界は一変しました。

私たちが日常としていたことが、日常ではなくなりました。オンラインでの会議が普通になり、我々の働き方や各国の出生率も変わりました。

また、歴史的な円安や日本の債務残高などは、我々の生活やビジネスに影響を及ぼします。

私は経済的な知識のほとんどを、毎朝読む「日本経済新聞」から得ています。

我々歯科医師も医療従事者ではありますが、ビジネスパーソンです。ビジネスパーソンにとって、日経新聞を読むことはマストではないでしょうか。私は読み切った感じがするので紙で読んでいますが、日経電子版でもよいと思います。

とくに記事の一面には、必ず時事ネタのトップが載っています。一面だけでも毎日読んでいくと、世界や日本経済で今、何が問題になっているのかがわかります。さらに二面、三面のリード文だけでもすべて目を通しておけば、経済の流れがだいたいわかります。

読み慣れないうちは、読んでいても意味がよくわからないかもしれません。しかし、半年や1年、継続して読んでいれば、記事情報の点と点が繋がって線になり、線から面になり、面から立体的に見えるようになります。

経済の様々な動向が繋がって見えるようになることで、経済への関心がさらに深まり楽しくなっていきます。

経済が見えるようになると、未来の予測ができるようになり、ビジネスにも活かせるようになります。例えば、「中国による台湾有事が起こると人民元が下落する」「中東情勢が悪化すると原油価格に影響が出るため、日本の輸入品の物価指数が上がる」といったことが予測できるようになり、株式投資の投資先を考える上でのヒントにもなります。

一流の経営者や成功者たちは、こうした経済の動きを概ね理解しています。

経済についての深い話ができると、相手の目の色が変わり、「こいつは、ただ者ではないな」と自分に興味を持ってもらえます。そのタイミングで「実は歯科医師ですが、10人ほどの従業員がいるんです」と話すと、さらに興味を持ってもらえます。

経済の知識を日々鍛えるために、1日たった200円（朝刊一部売り）の日経新聞はまさにうってつけの先生です。

可能であれば、一面記事をすべて読み、少なくともリード文だけでも読んでいくと経済への理解が深まり、確実に成長することができます。

今日から行動

日経新聞を購読する

Doing 3

歩きながらも勉強している

私のスマートフォンのホーム画面には、よく使うアプリを3つだけ置いています。電話とChatGPT、そしてYouTubeです。

YouTubeを何に使うかというと、自分が知りたい情報をインプットするためです。移動中や入浴中などの「隙間時間」「ながら時間」を利用した勉強のためのツールとして活用しています。

YouTubeで勉強するのは、毎日通勤時に歩く往復の10分間と入浴時、あとは駅に行く時や、車で羽田空港まで行く時などの移動時間です。「隙間時間」「ながら時間」を利用した勉強法なので、音声を聴くだけで画面は見ません。そのため、利用するのは音声のみで理解できるチャンネルだけです。

動画のインプット効率は、文章を読むよりも下がります。文章なら3分で読める内容が、

10分や15分かけて話されていることが結構あります。そのため、勉強のためのまとまった時間が取れるなら、読書をしたほうが効率的です。しかし、**移動中や入浴中なら、耳だけで勉強できるYouTubeは格好の教材になります。**

少しでも効率を上げるため、再生速度は1・5～1・75倍に速めています。最初は聴き取りにくいですが、次第に耳が慣れて聴き取れるようになります。速度を速めて聴いて、重要だと思った動画は再生リストに保存します。そして時間のある時に聴き直し、必要なら手帳などにメモを取ります。

YouTubeは無料で視聴できますが、私は有料のYouTube Premiumに加入しています。なぜなら時間は有限だからです。広告の表示で時間を取られるなら、毎月1280円を支払って広告なしにしたほうが効率的です。

またYouTube Premiumには、画面を表示せずに音声だけを聴ける「バックグラウンド再生」の機能もあるので便利です。なお、骨伝導イヤホンなら耳を塞がないため、歩いていても周囲の音が聞こえやすいので安全です。

勉強する動画の選び方には2つのパターンがあります。

1つは、金融、不動産、政治、経済、時事ネタなど、ジャンルごとに気に入ったチャンネルを登録し、そのチャンネルの動画を聴くパターン。もう1つは、知りたいテーマについて検索し、その中から有益そうな動画を選んで聴くパターンです。

例えば、YouTubeでよく聴いているジャンルの1つに不動産関連があります。不動産業界は海千山千の世界で、素人が参入すると痛い目にあうと言われてきました。しかし、有用な情報を発信するYouTuberが登場したことで、不動産の情報がある程度フラットになりました。

そういう人たちのチャンネルを聴いていると、不動産のことがある程度わかるようになってきます。読書と同じで、いろいろなチャンネルを聴いて8割くらいの人が同じことを言っていれば、それは間違いない事実であろうと判断しています。

いろいろなことをわかりやすく解説してくれるYouTubeは、私にとっては各分野の知識を無料で教えてくれる先生です。ただし、あくまでも「隙間時間」や「ながら時間」を使うことがコツです。

今日から行動

気になる分野のYouTubeを聴く

Doing 4

セミナーで講師と仲良くなる

興味を持ったテーマの勉強のために、有料セミナーに参加することがあると思います。せっかく時間とお金をかけて参加するのですから、講師と仲良くなり、少しでも多くの情報を得たいですよね。そのために私はセミナーに参加する時に実践している3つのポイントがあります。

1つ目は、**必ず講師の目の前の席に座る**ことです。目の前の席ではスマホを見たりするわけにはいきません。講師の話に集中できる環境に身を置くことで、インプット量が2倍にも3倍にもなります。目の前の席に座るために、開場時刻の40分前には会場に着くようにしています。

目の前の席に座り、講師の目を見てうなずいたり、メモを取りながら聴いていると、講師に顔を覚えてもらえます。

私自身も普段から数十人〜500人くらいの人々の前で講演するのでわかるのですが、講師にとって印象に残るのは、自分の話をしっかり聴いてくれる人です。講師は、そういう人に話しかけるようにプレゼンをするものです。

2つ目は、**必ず質問する**ことです。質問することは、セミナーの内容に興味を持っていることを示す証です。ですから、質問の時間になったら、自分が何者かを名乗った上で質問をするようにしています。質問は、事前に学習したことを踏まえた上で、問われた人が答えたくなるような気づきを与えてくれる質問にするとよいと思います。

3つ目は、**懇親会があれば必ず参加する**ことです。懇親会では講師の近くに座るようにします。それが難しい場合は、講師に準じる立場の人の近くに座ります。そうすると、お酒の力もあり、セミナーでは語られなかったような生の情報を聞くことができます。また、そうやってコミュニケーションをとると、自分のことを覚えてもらえます。

セミナーでは、講師に好かれるような行動を心がけます。コツは、真剣に話を聴き、うなずきながらメモを取ることです。たったそれだけのことですが、ほとんどの人はやっていません。ですから、メモを取るだけで自分の価値がみるみる上がっていきます。

こうして一流の人に認めてもらえると、ビジネスチャンスにも繋がります。私は講師と仲良くなったことで、セミナーで自分の歯科医院を紹介してもらい、それをきっかけに良い顧客が集まった経験があります。

ある時、尊敬する友人に誘われて、とある投資セミナーに参加しました。話を聴き始めると、明らかにこれは詐欺だとわかりました。友人は熱心にメモを取っていたので、「これ、詐欺ですよ」と言うと、「そんなことはわかっている。我々をだますためにどんなテクニックを使っているかを勉強しているんだ」と言われました。

「なるほど」と思い、私も気持ちを切り替えて詐欺師のトークを勉強することにしました。もちろん、詐欺のノウハウを覚えたいのではありません。せっかく自分たちの時間を使って参加したセミナーなので、詐欺だとしても何かしらインプットしようというどん欲な姿勢を、その友人から改めて学びました。

今日から行動

一番前に座り、メモを取り、質問し、懇親会に参加する

Doing 5

無形資産がお金を生むことを知っている

資産には、有形資産と無形資産があります。

有形資産は、文字通り形のあるものです。わかりやすいのが、家、車、金、時計などです。**無形資産は、目に見えない資産ですが、お金を生み出すことができる資産です。成功する人が重視している無形資産は、以下の2つがある**と考えています。

1つは、**「知識」**です。

労働集約型のビジネスは、その人の体力勝負という面があるため、年齢を重ねると限界がやってきます。例えば、歯科医師であれば30代の時は患者さんを1日20人診察できるかもしれませんが、60代では体力的に無理が出てくるため、1日に診られる患者さんの数が減ってきます。

一般的に社会的地位も高く、なりたい職業の1つとされている医師や歯科医師も実は、プレーヤーだけで仕事をすると労働集約型ビジネスといえます。

それに対して知識集約型のビジネスは、年齢を重ねるほど知識や経験が深まり、厚みを増すため限界がありません。例えば、何か得意なテーマの講演で人を集め、自分の知識や長年の経験を売っていくようなビジネスです。そのため、知識や経験は無限に増え続ける無形資産だといえます。


私は歯科医師であり、経営者で、かつ経済の話ができます。そうした人は多くありません。ですので、「従業員100人の歯科医院の経営者が語る今後の日本経済」といったテーマで講演ができます。これは第1章で述べた、掛け合わせとニッチの両方になります。

歯科医師のプレーヤーとしての知識と技術と歯科医院の経営に加えて、経済の解説ができるよう、日本経済新聞を読んで知識を増やしてきました。このように積み重ねた知識や経験が多ければ多いほど、お金を稼ぐ力になります。

ですから、自分の知識をどう増やせるか、そしてその得た知識をどう活かせば一番効率が上がるのかを常に考えてください。


もう1つの大事な無形資産は、**「人脈」**です。「自分の周りにいる5人の平均年収が自分の年収になる」とよく言われますが、まさにその通りだと思います。常に周りにいる5人が素晴らしい存在なら、その5人が自分をより高いステージに引き上げてくれます。だから人脈は重要なのです。

いつまでも同じ人たちと付き合っていては成長できません。成長したら、その上の段階の人たちと付き合い、そこまで成長したら、さらに上の段階の人たちと付き合うことが大切です。よく、「人生のステージが上がる」と言われるのは、こうした状況を繰り返していくことです。

会社員なら、平社員から部下を持つ上司に昇進した時がそうです。上司になると、物事の見え方、考え方、発する言葉も変える必要があります。これこそが、自分の成長の階段を上っているということです。

周囲にいる同じステージの人たちも、自分と同じようなことで悩みながら成長してきました。自分よりも1歩先に行っているステージの集まりの中に入り込むことができれば、物事の考え方、見え方、景色などが変わってきます。いつまでも同じレベルの中で群れていては、物事の考え方も見え方も変わりません。

逆に自分が一番下で常に劣等感を感じるくらいのグループの中にいると、危機感を抱いて「どうすれば周りの人たちのようになれるのか」を考えます。成長したいなら、自分よりも1歩も2歩も先に行っている人と付き合い、その人たちの考え方をインストールして、徹底的に模倣することによって、自らを成長させることができます。

また、自分よりも1歩先に行っている人たちと付き合うことで、人脈を広げるチャンスができます。良い人脈をつくるには、自分から飛び込んでいかないと駄目です。自ら飛び込み、自ら有益な情報を与えることによって、その人たちに認めてもらうことができ、その人たちの集まりに呼んでもらえるようになります。

努力して、地道に階段を上っていくことによって人脈を築いていくのです。良い人脈の周りには良い人脈がたくさんあります。**成功する人は、良い人脈を繋ぐことでさらに良い人脈が寄ってくることを知っています。**自分がそこで認められれば、どんどん人脈を繋いでもらえます。

今日から行動

自らの知識と人脈の構築に時間をかける

Doing 6

オンラインでの振る舞い方を知っている

コロナ禍以降、オンラインセミナーの開催が増えました。オンラインセミナーは、日本中どこからでも気軽に参加できるメリットがある反面、リアルのセミナーと比べると集中しにくいというデメリットがあります。

画面越しのため講師の熱量を感じにくく、講師と目線を合わせることもできません。参加しているこちらの熱意も感じてもらいにくくなります。

また、パソコンでインターネットに繋いで視聴するため、セミナー画面の横で別の作業ができてしまいます。つまりインターネットが接続されている状況そのものが集中力を下げてしまうのです。

そのため、**オンラインセミナーでface to faceと同じインプットを得るには、画面に集中できる環境を強制的につくる必要があります。**

まず、自宅や職場などでは、周囲から話しかけられないようにします。自宅の場合は、書斎に入り家族の出入りを禁じてしまいましょう。職場の場合、同僚が出入りしない場所や話しかけてこない個室などでオンラインに繋げます。

そして、オンラインセミナー中はインターネットで調べ物をしたり、パソコンで他のことをしないようにします。もし、講演中にわからない言葉が出てきたような場合でも、パソコンや携帯電話で、その場で調べるべきではありません。何かを調べている間は講師が話している内容がまったく耳に入ってこないからです。

そういう時は、わからない言葉をメモしておき、あとでセミナーの質問時間に講師に直接質問すればいいのです。

また、スマートフォンは手の届く範囲に置かないようにします。講義中に通知やLINEやメールが届くと、気が散って集中できません。一度気をそらすと、録画していない限り、その部分を見直すことは不可能です。

では録画すればいいかというと、そうとも言い切れません。face to faceの場合はあとで見直すことができませんから、その場で集中して聴こうとします。もし、あとで見直せるとしたら、自分の中に甘えが出て、かえって集中力が途切れてしまうかもしれません。

それに録画をあとで見直すのは自分の時間のロスです。リアルタイムで集中したほうが、間違いなく効率的です。

しかも、大抵の場合はビデオに撮ったものを見返すことはありません。

オンラインセミナーではカメラをオフにせず、必ず顔出しします。顔を出していれば、他のことをやりにくくなるため、集中せざるを得ません。それに、顔を出さないのは講師に失礼です。「私は聞いていません」と言っているに等しい行為です。

講師にとっては、聞き手の反応がわからないのは非常に話がしにくいものです。**質問する時は、顔出しで直接質問する**ようにします。チャットに長文を書いて送るのは質問しないよりはマシですが、せっかくオンラインで話せる状況にあるのですから、講師からの印象はあまり良くありません。

最も印象が悪いのは、何も質問をしないことです。

質問しないのは、セミナーの内容に興味がないと言っているのと同じです。

日本では、セミナー中は恥ずかしいので質問をしないのが一般的ですが、欧米はまったく違います。質問をしないほうが失礼に当たるのです。

顔を出して口頭で質問することは、講師への礼儀を尽くす意味でも非常に大切だと思います。名前を名乗り、どこの誰かを述べた上で、講演の内容について質問すれば、講師の印象にも残ります。講師と繋がりを持つためにもプラスになります。

余談ですが、オンライン上で自分の印象を良くするためには、オンライン用の照明付きのカメラを使用するとよいと思います。これだけで、自分の顔がはっきり写り、見栄えがまったく変わります。

オンラインセミナーは、リアルでのセミナーより間違いなく上級者向きです。この項目でお伝えしたことを実践して、集中しながらオンラインセミナーを受けてみてください。インプットの量や講師からの反応の違いを実感できると思います。

今日から行動

オンライン講義では顔を出し、質問をする

Column

やり遂げたいことは必ず言葉に出す

私の座右の銘は「有言実行」です。何かやり遂げたいことがあったら、人前であえて話をします。考えを人の前で言葉に出すことで、行動せざるを得なくなるからです。

毎年、約100名の従業員に対して経営方針発表会を行うのも、有言実行の習慣の1つです。従業員100人が見ている前で発表すれば、絶対にやらなければならなくなります。昔から有言実行をしてきているので、従業員は私が言ったら100%やるとわかっています。そのため、従業員は会社の方針に対して覚悟を決めます。

従業員の中にも、人前で宣言したことで目標を叶えた人がいます。当時は彼氏がいなかったのに、朝礼で「私、結婚します」と宣言し続けていた従業員が2人いました。その2人に私は「きっと結婚できるよ」と言い続けていました。なぜなら、人前で言うと自らが行動するからです。

その後、1年もしないうちに、2人とも見事に結婚しました。人の前で宣言すると、自分自身に責任が生まれます。そのため、彼女たちは結婚相手を探す具体的な行動をとり続けたのだと思います。1週間の中でも、必ず1回は合コンに行くとか、マッチングアプリで何人かとやりとりするなど、具体的な行動をとったお陰で運命の人に出会えたのだと思います。同じ1週間でも、何も行動をしなければ何も変わりません。

勇気がなくて有言実行ができない人も中にはいます。しかし、繰り返しになりますが、実現したいことがあるなら、人前で言ってしまったほうが早いです。「言霊」という言葉があるように、言葉には魂が宿ります。皆の前で「やる」と言ったことには言霊が宿り、自分自身の責任で徹底的にやります。その結果、より早く、思い描いたことを実現することができます。

自分の考えが言葉になり、人前で話すことにより言霊に変わります。そして、その言葉が自分の行動を変えていきます。自身の行動が変わると、それが習慣となります。その習慣が人の人格を変えていきます。人格が変われば運命も変わります。すべて繋がっているのです。

言葉にはエネルギーがあるだけに、いつも自分の発する言葉には気をつけています。自分の言葉の影響を最も強く受けるのは、自分自身だからです。自分では、意識して前向きな言葉を発するように心がけています。

時には行動するのがキツく感じる時もあります。そんな時、私は10年後の自分を想像します。今が辛くても、10年後の自分や会社にとってプラスになると考えるようにしています。

私にとって、有言実行にはもう1つの意味があります。それは、言ったことは必ず守る、ということです。

例えば、普段の会話の中で、「この前読んだ本が良かったから、あげるよ」といった約束をすることがあります。こうしたとっさに言ったことは、そのままにしておくと忘れてしまいます。そのため、必ず手帳に書き留めておき、何が何でも守るようにしています。

私の周りでも、言ったことを必ず守るようにしている人は多いです。言ったことを守ってもらった相手は、「こんなことを覚えていてくれたのだ」とびっくりします。この有言実行は、その気になれば誰にでもできることだと思います。

自分で言ったことを守ることで、相手から信頼を得ることができます。小さなことでも、しっかり行動し、言ったことを守り続けることで大きな信頼に繋がります。

「信」という漢字は「人」と「言」で成り立っています。人は言ったことを守り行動することにより、信頼を生んでいくのです。

第7章

成功者が
自然にやっている、
人と繋がる
「コミュニケーション術」

Chapter 7

Doing 1

「第一印象」と「初対面の3分間」を大事にしている

どのような分野であっても、成功する人は人との「繋がり＝ご縁」をとても大切にします。

ご縁こそがビジネスや人生を豊かにすることを、よく理解しているからです。

ご縁を繋ぐためにとくに大事にしているのが、「第一印象」と、「初対面の3分間」です。

ご縁を繋ぐには、まず相手に良い印象を持ってもらう必要があります。そのため、第一印象には非常に気をつかいます。

最初の印象が悪いと、あとから覆すのは容易ではありません。

第一印象を良くするためのポイントは、２つあります。

まず１つ目は**「清潔感のある身だしなみ」**です。不潔だったり、口臭がしたり、靴が汚れていたり、だらしない服装は論外です。髪型や眉毛、鼻毛などにも注意しています。

口臭があっては、初めてのご挨拶も台無しですよね。まったく話が入ってこないと思います。

体型に合った清潔なワイシャツにジャケット、磨かれた靴は一流ビジネスマンには必須です。初対面の場にジャケットとジーンズで行くこともありません。

また、奇抜な格好もメリットはありません。奇抜な格好とは、いわゆる成金に見えるような、自己顕示欲の強い、派手な服装も含まれます。全身、わかりやすい有名ブランドの服であるとか、ビジネスの場にふさわしくない色の服などです。相手を不快にさせるような外見は「良いご縁」には一切繋がりません。

もう1つのポイントは、**「笑顔で元気に必ず目を見ての挨拶」**です。とくに中小企業の優秀な経営者は、「はじめまして」「おはようございます」「こんにちは」など、気持ちよく元気に笑顔でハキハキと挨拶をされる方が圧倒的に多いです。

最初のご挨拶は声をツートーンくらい上げて行います。地声で挨拶はしません。何よりも元気で活力のある人だと思われたいので、ここは笑顔で元気に目を見ながら挨拶をします。

私は歯科医師なので、初対面の患者さんとの初めてのご挨拶の時は、必ず一息ついて患者さんの様子をうかがいながら、患者さんの良い間合いで、笑顔で元気に目を見てご挨拶をするようにしています。

歯科医院に喜んでくる患者さんは極めて稀で、ほとんどの方は何を言われるのか、何をされるのか不安を抱いています。担当の医師が笑顔で元気に挨拶をしてくれたら、これだけで患者さんの不安は少しでも和らぐ可能性があります。

そのため我々の歯科医院では、若手歯科医師の研修に入る時、必ず笑顔と元気な挨拶の練習から行います。

第一印象の次は、初対面の3分間を大事にします。その後のご縁に繋がるかどうかは、この3分間の会話の中身で決まります。ここでのポイントは、相手に「好きですオーラ」を出すことです。あえて自分の気持ちを鼓舞して、ワクワクした気持ちでその3分間に臨みます。

会う相手が事前にわかっている場合は、相手のことを調べて、あらかじめ話題を準備しておきます。セミナーなどでは、誰が参加するのか知らせてくれることがあります。その場合には、必ず参加する会社の情報などを、ホームページを検索して見ておきます。セミナー会場までの行きの電車や飛行機でもチェックできるはずです。

■「第一印象」と「初対面の３分間」のポイント

第一印象を良くするためのポイント

①清潔感のある身だしなみ

②笑顔で元気に目を見て挨拶

初対面の３分間のポイント

①好きですオーラを出す

②相手のことを調べて話題を準備

③自己紹介は相手にプラスになることを話す

セミナーで、初対面の３分間を大事にしている人は、遅くとも開始15分前には会場に着いて、他の参加者と挨拶を交わしながら名刺交換をします。

また、もし会場に知り合いがいたら、その知り合いを紹介する人もいます。

初対面の３分間で、自己紹介を一方的にする人がよくいます。しかし、次に繋げるために大切なのは、なるべく相手の話を聞きながら、相手にとってプラスになりそうな話をすることです。

その時、自分の得意なことに絡めることができれば、なお良い印象が残ると思います。もし、相手が自分の名刺の肩書きを見て反応したら、「実は…」という流れで自分の話をすれば、自然な流れで自分のことを話すことができます。

初対面の相手に必ず渡すのが名刺です。多くの人がやってしまいがちなのが、目を引くインパクトのある名刺で他人と差をつけ、相手に印象づけようとすることです。

私もかつて、デザインにお金をかけてインパクトのある名刺をつくろうとしたことがあります。しかし、私より2歩も3歩も先を行く人との話の中で、「本当の実力者は、派手な名刺は持たない」と聞いて、思いとどまりました。

確かに、実力者の名刺は大抵シンプルです。名刺に頼らなくても、ご縁を繋ぎたい人たちが集まってくるので、わざわざ名刺を派手にする必要がないわけです。

良いご縁を繋ぐためには、自分を主張することではなく、相手にいかに好感を抱かせ、自分に興味を持ってもらうかが何よりも大切です。

今日から行動

初対面の3分間にすべてをかける

Doing 2

次に会ってもらうための努力を密かにしている

初対面の人に、次回も会ってもらうために必要な力が３つあります。

１つ目は、**相手がしてほしいことを察する**ことです。

会話の中では、相手が困っていることや欲していることをつかむように意識して、何かお役に立てることはないか考えます。例えば、困っていることに対してご紹介できるプロフェッショナルな人がいないかな、などです。

２つ目は、**相手の困りごとやニーズに対して、参考になる意見を述べる**ことです。

内容は、自分なりの考え方でも、自分が読んだおすすめの本でも、どんなことでも構いません。自分の考えや意見をしっかりと伝えることができれば、自分に興味を持ってもらえます。

そしてさらに、相手に何かで感心してもらうことができれば、「また次回に会って情報を聞きたい」と思ってもらえます。

例えば、私は歯周病やインプラントの専門医なので、名刺を見てそれに関する質問を時々いただきます。もし相手からそういうアクションがあれば、相手にとって参考になる意見を専門家の立場から話すことができます。

そうすると、興味を示してもらえて、「多保さんのところに行ってもいいですか」と言われたり、住んでいる場所が遠方の場合は「優秀で信頼できる歯科医師を紹介してください」という流れになります。このように自分の専門分野や得意な領域で意見を言えると、次に繋がりやすくなります。

もし、あなたが資産形成に詳しく、相手に資産形成に関するアドバイスができれば、「今度また食事に行きたいな」と思ってもらえるかもしれません。何の分野でもいいので得意なことを持っているとご縁が繋がりやすいです。

ある尊敬する歯科医師の方は、大型のマンションを相続したものの、相続や不動産のことをあまりよく知らないようでした。

私がわかる範囲で贈与税、相続税、銀行とのやりとり、不動産市況、不動産に関する大規模修繕などの話をして「一度、専門家に相談したほうがいいかもしれません」とアドバイスしたところ、「今度ご飯に行こう」と誘われました。良いご縁が繋がった瞬間ですね。自分ではアドバイスができなくても、自分の周りの人脈を活かし、詳しい人を紹介することで、相手と繋がることができるかもしれません。

3つ目は、**次に会う約束をその場で取りつける**ことです。

「じゃあ今度連絡しますね」と曖昧な言い方をすると、まず次はありません。「○月×日はどうですか？」と具体的な日程をその場で決めてしまうのです。予定の調整が難しい場合は、その場で連絡先を交換して、翌日に必ずアポイントを決めるようにします。

仕事のできる人は激務をこなしている方も多く、とくに創業経営者の方は仕事が趣味のようになっている人がいます。そういう方は何週も先まで予定がびっしり詰まっていますので、予定調整が難しい場合があります。その場合は、数か月先でも構いませんので、スケジュールをその場でおさえさせてもらいましょう。

今日から行動

その場で相手の予定をおさえてしまう

Doing 3

相手の話から何かを得ようとしている

会食時にメモを取る人は少ないように思います。

私は、**目上の人などと２人で食事をする際は、いつでもメモを取れるようにしています。**とくに仕事に役立つ話や人格形成のために重要な話など、飲みながらいろいろなヒントを教えてもらえるからです。

しかし、会食時にせっかく良い話を聞いても、お酒を飲んでいたりすると忘れてしまうことがあります。だからといって、その場で録音するのは失礼ですし、録音したとしても聴き返すのは大変です。大抵は聴き返さないで流れてしまいます。

スマートフォンでメモするのはよくありません。話をしている側から見ると、スマホで一生懸命メモを取っていても、自分の話を聞かずに他のことをしているように見えてしまうからです。私にもこのように感じた経験があります。自分ではわからないものですね。

だから、**あえてペンで書く**ことが大切です。

会食中にメモを取る場合は、メモしたいと思ったタイミングで、「メモをしてもよろしいでしょうか」と相手に確認することも大切です。

話を聞き、相槌を打ちながらメモを取っていると、あなたが何かを得ようと真面目に話を聞いていることが相手に伝わります。

恐らく、話に耳を傾ける真剣さが同じであっても、メモを取るか取らないかで相手が受ける印象は異なってくるのだと思います。

「あなたの話から、1つでも多くのことを吸収したい」という姿勢が可視化されて、より実りのある会話になります。

そうすると、もっといろいろなことを教えてくれますし、「次回もまた会おう」と思ってもらえます。**相手に対する熱い想いを伝える1つの媒介が、メモ**なのです。紙にメモをしない人が増えれば増えるほど、その価値は上がるので、今後はなおさら「紙にメモ」という行動が効果を発揮するはずです。

今日から行動

「紙にメモ」でアピールする

Doing 4

名刺は「ご縁」の入口として管理する

初対面の相手とは必ず名刺を交換しますよね。いただいた名刺を活かすためには、きちんと管理することが大切です。

なぜ名刺を管理するのでしょうか?

名刺を管理する理由は、その人とのご縁を繋ぐためです。そのため、いただいた名刺は、ご縁を繋ぎたい人と、繋がなくてもいい人に分け、ご縁を繋ぎたい人の名刺だけをデータとして保存します。ご縁を繋ぎたい人とは、自分の人生や仕事にプラスになりそうな人や、誰かに紹介したい人です。

そのため、**ご縁を繋ぎたい人の名刺には、名刺を交換したらその場で出会った日付や場所などを書きます。また、会話の中で得た情報も、忘れないようにその場で名刺にメモしておきます。**

なお、名刺をいただいた方の目の前でメモをするのであれば、その人にひと言、名刺にメモをしてよいかどうか確認したほうがよいと思います。

尊敬する経営者の方も、やはり名刺を交換した時に、その場でいろいろと名刺に情報を書き込んでいました。

その方がすごいのは、セミナーで同席した私の部下の名前まで覚えていることです。彼がその部下と二度目に会った時に、部下の苗字が変わっていることに気づき、「結婚したのかなと思った」と言われたことがあります。

私の部下の顔と名前まで一致させて覚えていることに非常に驚きました。会う前に、以前受け取った名刺を確認するようにしているのかもしれません。その時、名前を覚えてもらっていた部下は、非常に喜んでいました。

名刺の管理方法には、アナログ式とデジタル式があります。それぞれメリット、デメリットがあります。

アナログ式のメリットは、名刺ホルダーや名刺ボックスを購入すれば簡単に管理できることです。名刺の枚数がそれほど多くなければ、アナログで管理しても見つけにくいなどの不便はなく、簡単に管理ができます。つまり、アナログ式がおすすめな人は、名刺の枚数がそれほど多くない人になります。ただ、名刺が多くなると探すのに苦労します。

今はデジタル式で名刺を管理する人のほうが多いのではないかと思います。デジタルで名刺管理をするメリットは、名前や社名などで検索することができ、簡単に名刺を見つけられることです。

いつでもどこでもスマホなどから名刺データを見ることができるため、紙の名刺を持ち歩く必要がありません。データで管理するため、スマホだけでなくパソコンやタブレットからも確認することが可能です。また、社内で名刺データを共有できるため、情報を最大限活かすことができます。

そのため、名刺の枚数が多くなってきたらデジタル式で管理するのが断然おすすめです。デジタル化の最大のメリットは、データを保存することで名刺を簡単に見つけられるようになることです。

デメリットとしては、名刺管理をアプリで行う場合は、アプリによっては月額料金などのコストがかかってきます。また、名刺をデータ化するためにスキャンしたり、スマホで写真を撮影する必要があるため、ちょっとした手間がかかります。

ちなみに、私の使っている名刺管理アプリは「myBridge」というものです。理由は、無料で使い勝手が良いためです（2025年1月現在）。スマホのカメラで名刺を撮影した後、文字認識技術と人による手作業で名刺情報をデータ化してくれます。

ＯＣＲで文字認識したデータをチェックし、必要であれば修正することで正確なデータ化が可能です。また、ＬＩＮＥの子会社であるためＬＩＮＥとの連携機能もあります。

名刺の片面のみの登録でなく、両面登録が行えるため自分の書いたメモが確実に残ります。また必要に応じて、データベースでメモ機能やグループ分け機能があります。例えば、会社の事業規模が大きくなり、顧客情報システム構築、チーム運用や連携を行う場合、ＩＤごとに少額で加入できる有料プランがあるため、すぐに業務を移行できます。

名刺管理のポイントは、ご縁を繋ぎたい人の名刺を保存することです。膨大になった名刺の束を整理してみませんか？　そのほとんどは見返すことのないものだと気づくはずです。

今日から行動　名刺をもらったら必ずメモをする

Doing 5

お土産インプレッションを活用している

初対面でご縁を繋いだ人と2回目に会ってもらう時には、お土産を用意することが多いです。

地元の老舗お菓子屋さんのお菓子などを用意して、帰りがけにすっと渡すようにしています。お酒が好きな人なら、地元の埼玉で造られたウイスキーを渡すこともあります。

なぜお土産を渡すのでしょうか？　お土産を渡すことで、相手に良い印象を残すことができるからです。

その後、さらに親しくなると、その人との会話で知った奥さんの誕生日や、お子さんの入学式・卒業式などの記念日をメモしておいて、さりげなく贈り物をしたりします。

私の周りには歯科医師が数多くいます。そのため友人や部下などが開業した時に、お花を贈っても、多くの人から贈られているため完全に埋もれてしまいます。

そこで、例えば空気清浄機や、歯科医院なら歯科に関わる設備など、実用的なものを贈るようにしています。

実用的なものだと感謝されますし、それを使うたびに私のことを思い出してもらえるので一石二鳥ですよね。お花はもって1か月です。開業祝いに贈る胡蝶蘭は、2万～3万円くらい。目立つ特大の胡蝶蘭ですと10万円以上になります。

毎回、どこの誰に、何のために贈るのかをよく考えています。

知り合いの経営者は、毎年大晦日に限定品の地酒の搾りたて生酒の一升瓶を贈ってくれます。これは「家族で大晦日からお正月に飲んでください」というメッセージが込められているように思います。このようなことをしてもらうと、自分のことを気にかけてくれていることがよくわかるので、こちらもその人のために何ができるかを常に考えるようになります。

考えてみると、お土産をもらって嫌な気持ちになる人はいませんよね？　金品や高額なものはNGですが、ちょっとした地元のお菓子やお酒なんかは有難いものです。

自分の会社のロゴが入ったお菓子やコーヒーなどを作成して贈っている方もいますが、できればこのようなものではなく、あくまでも、もらって純粋に嬉しいものを選びましょう。

渡す際にもコツがあります。

「地元で評判の○○です」や「すごくおいしかったから、ぜひ味わってほしくて」など、相手との関係で添える言葉も変わります。希少性やうんちくを語るのはNGです。**相手の負担にならないよう気をつけて、自分らしいひと言を添えてください。**

お土産を渡すことで、相手に良い印象を残すことができるのもメリットですが、何より渡して相手が喜んでいるのを見るのが、私にとっては一番幸福な時間です。良いお金の使い方をしたなと思う瞬間ですね。

何をしてもうまくいく人は、縁を深めるためにお土産や贈り物を上手に活用している人が多いのです。

今日から行動

贈り物として評判の良い地元の名産を探す

Doing 6

お礼状など手紙は手書きで出している

どうしてもご縁を繋ぎたい人や、自分の支持者になってもらいたいような人に対しては、手書きの手紙を送りましょう。

デジタルの時代に、わざわざ手書きで手紙を書く人は滅多にいません。だからこそ、送る価値があります。皆がやらないからこそ効果があるのです。

メールだと開いてもらえないこともありますが、手紙ならまず読んでもらえます。そのため、手紙を送れば、ほぼ確実に自分のことを認識してもらえます。もし自分が相手に「なんとなく嫌な奴」と思われていた場合でも、手書きの手紙を送ることで味方になってもらえることもあります。

私自身も、数多くこのことを実際に経験しました。手書きの手紙の効果は絶大です。せっかく手紙を送るのであれば、パソコンで書いてプリントしたものではなく、手書き一択です。

手書きの手紙の効果で、第一に挙げたいのが、気持ちがしっかり伝わることです。それは、手紙の一文字一文字には書いた人の気持ちがこもっているからです。文字には上手い下手だけではなく、書いた人の個性が現れます。それはパソコンでキーボードを打って作成した文章では表せません。

第二の効果としては、特別感です。ひと昔前に比べ、手紙を書いたりもらったりという習慣はなくなってきました。突然、誰かから手紙が届いたら驚いてしまうほどではないでしょうか。つまり手紙をもらうこと自体が、非日常で特別なことなのです。

お中元やお歳暮を贈る時も、お世話になっている人には必ず手書きの手紙を送ります。これは私の父から教えられました。お中元やお歳暮を贈ったことを伝える手紙（送り状）を先に届けて、そのあとに品物が届くようにします。

品物だけを贈っても、数ある贈り物の1つに埋もれてしまいます。そうならないように、手書きの手紙を送るのです。

送り状を手書きで送っている人は数少ないと思います。なぜなら私も数多くのお中元、お歳暮をいただくのでわかります。今まで、自分が手書きの手紙をいただいたことは一度もありません。送り状を書くだけで、お中元がたくさん送られてくる中でも、私のことが印象に残ります。

また、どうしても会いたい人には、手書きの手紙を書いて送れば、かなりの確率で返事をもらえます。そして、たとえ著名な人物でも会ってもらえることもあります。

私にはこんな経験があります。尊敬する有名コンサルタントが主催する10人限定の勉強会があり、すでに定員になっていました。しかし、どうしても参加したかった私は、その方に手紙を書いて送りました。

すると、「よろしければいかがですか」という返事が来て、何とそこに参加することができたのです。その会に入ったことで、自分よりも何歩も先に行っている人たちにお会いすることができ、一気に視座が高くなりました。まさに、私の人生の転機です。

このように**手書きの手紙には、自分の気持ちの熱量を相手に伝え、ご縁を繫ぐ力があるのです。**

今日から行動

手書きで手紙や葉書を書く

Doing 7

信頼するメンターがいる

どのような目標でも、実現するためには「メンター」を持つことが大切です。メンターとは、自分にとって手本やモデルとなるような、信頼できる相談相手のことです。**メンターの考え方を真似することで、行動が変わります。**

メンターの条件は、成功者であり、かつポジティブであることです。あなたのことを思って前向きに助言してくれる成功者が、メンターにふさわしいと思います。

私には今、複数人のメンターがいます。悩みごとを相談すると、メンターはすでに同じようなことで悩んだ経験があるため、生きた助言をもらうことができます。

メンターに教えてもらったことは、必ず実践するようにします。実践すると、新たな悩みが生まれるので、再びメンターに相談し、その助言を行動に移します。それを繰り返すことによって成長が加速します。彼ら自身も同じことで悩み、同じ苦労をして現在のポジションにいるわけですから、無駄のない助言がもらえます。

成功できない人は、成功者の真似をしないから成功できないのです。

「成功者は自分とは違い、特別だから成功できた」わけではありません。もちろん、生まれ持ってものすごく良い環境で育っている人も中にはいます。だからといって、それを妬んでも何も生まれません。まさに時間の無駄です。

誰しもが失敗という成長の過程を経て、成功にたどり着いているのです。ですから、最短で成功したいのであれば、メンターを見つけて、その人の真似をするのが一番早いのです。

また、メンターが自分から来てくれることはありません。メンターを見つけるには、成功者の輪に入る努力が必要かもしれません。

「周りにいる5人の平均年収が自分の年収になる」とよく言われます。この言葉の意味は、人は周りにいる人たちの影響を受けやすい、ということです。したがって、成功者の輪に入れば、自分を成功者のレベルに引き上げてもらうことができます。

成果に繋がるメンターの探し方を具体的にご紹介します。

まず第一に、自分の目標や理想をあらかじめ決めておくことが重要です。自分の目標が曖昧だと、そこに合ったメンターを探すことは難しくなります。

第二に、自分の得意分野で成果を出している人をリサーチすることも大事です。私の場合は、世界の一流のインプラント専門医を求めて、米国のロマリンダ大学のDr Joseph Kanという世界的に有名な歯科医師のもとへ留学を決意しました。

「歯周病とインプラントの一流の外科医になりたい」と思い、いろいろとリサーチをして講演会に行きました。そこで出会ったのが、Dr. Joseph Kanでした。彼の講演会での出会いで、私の留学先は決定しました。

第三に、メンターとなり得る人物との接点をつくり出すことです。この人こそ自分のメンターになってほしい！　と思ったら、とにかく自分から接点を探してコミュニケーションをとりましょう。

「自分から」というのがポイントです。現代はインターネットが普及しているため、以前よりも容易に人と接点を持つことができます。ＳＮＳでコンタクトを試みたり、オンライン、オフラインイベントに参加して、自ら話しかけることもできます。

第四に、メンターは複数人持つことをおすすめします。目標達成は一朝一夕で成し遂げられるものではなく、現在の自分をしっかりと見つめ直し、１つひとつステップを上っていくことが重要です。各段階では異なる試練が待っているため、多様なアプローチを試行錯誤し、そして失敗をしながら乗り越えていく必要があります。

現在の自分のステップに応じて、最適なメンターと巡り会えれば、複数人のメンターが必要になります。複数人のメンターがいる利点は、１人のメンターに継続して相談するよりも確かな成果が得られることです。メンターにも得意分野、不得意分野があります。複数人のメンターがいることで、複数の考え方や意見が聞けます。

メンターたちが経験してきたノウハウを、自分なりにまとめて、それをさらにアウトプットすることで、より優れた人物として成長していくことができるでしょう。

あなたの周りにも、必ず１人や２人は、「この人にはかなわない」という存在がいるはずです。まずは、そういう人たちの輪に入る努力をしてみてください。

職場の上司、自分の求める結果に到達している人、尊敬できる人、書籍やセミナーで知った憧れの存在など、どなたでもいいのです。ポジティブで自分自身が尊敬できる方を、選んでおけば間違いないと思います。

今日から行動

尊敬できる複数のメンターを探す

Doing 8

異業種コミュニティにも参加する

私のいる歯科業界では、同業者同士でしか集まろうとしません。しかし私は、同業者よりも異業種での集まりを重要視しています。

異業種の人と付き合うと、歯科業界にはない考え方に接することができるため、新たな発想が生まれるきっかけになります。実際に、私の経営する歯科医院では、異業種交流で得た様々な知見を経営に活かしています。

例えば、一般企業で採用されているホールディングス（持株会社）の仕組みを経営に応用しています。歯科に関連する事業を複数立ち上げて、それらを本業に絡めながら事業規模を広げています。これは、目の前の患者さんだけを見ている歯科医院経営からは発想することができません。

また、毎年「経営方針発表会」を行っています。こんなことをしている歯科医院はほとんどないと思います。これも、異業種交流を通じて、経営方針は従業員に知ってもらったほうがいいと気づいて始めたことです。

「医療法人社団○○会」とか「医療法人○○グループ」などの看板を見かけたり、広告をインターネットなどで見かけると思います。そうした医療法人の多店舗展開は、狭いエリアで行うと顧客の奪い合いになるため、広域で行うのが一般的です。それに対して私は、さいたま市浦和区という狭いエリアに集中して多店舗展開をしています。

これは、マーケティング理論としても知られている「ランチェスター戦略」に基づいた考え方で、1つのエリアに集中して出店することで地域ナンバーワンになる戦略です。これも、異業種交流の中から浮かんだアイデアを実践したものです。

異業種交流を深めていくと、人脈がどんどん繋がり、良いご縁も繋がります。最大のメリットは、顧客となりそうな方と繋がれることです。また、各地域の有力な経営者などと知り合いになれば、そこから新たなビジネスをつくることもできます。

とある地域の異業種交流会で、介護事業を展開している経営者の方とお話をする機会がありました。

私たちの医療法人グループは、訪問歯科医療を展開しており、現在社会問題となっている摂食・嚥下についてお互いの意見を交えながら、深く話ができました。そこからの展開は早く、すぐにその介護事業所で、口腔ケアと摂食・嚥下関係の講演をさせてもらいました。

このように、異業種の人たちと交流し、良いご縁を繋いで、様々な知見を吸収することで新しいアイデアが生まれてきます。

どのような業種の方のお話も参考になります。一見まったく関係ないような業種でも、話をしてみると新しいアイデアが生まれる可能性があります。

ぜひ、同業の集まりだけでなく、積極的に異業種交流会に参加してみてはいかがでしょうか？

今日から行動

異業種の交流会に参加申込みをする

Doing 9

誰に対しても素直で謙虚

松下幸之助氏や稲盛和夫氏をはじめ、一流の経営者には、反省することを徹底している方が多いです。第1章でも述べたように、私も毎日、反省をすることを習慣にしています。ベッドの横に手帳を置いて、寝る前に一日を振り返り、反省すべきことを書いています。

素直に謙虚に反省するといっても、実は簡単ではありません。この素直に謙虚に、というところが難しいのです。言うのは簡単ですが、実践するのはとても難しくなります。

素直な心とは、自分自身のいたらなさを認め、そこから努力するという謙虚な姿勢のことです。素直な心を養うためには、たえず自分自身を客観的に観察し、正すべきを正していくことが大切です。松下幸之助氏は『素直な心になるために』（ＰＨＰ研究所）という本まで出しています。

とくに、組織のトップになったり、1人で働いていたりすると、誰かから誤りを指摘される機会がほとんどありません。それだけに、自らを省《かえり》みることが必要だと考えています。

私の反省点として多いのが、「医院の従業員に、言うべきでないことを言ってしまう」ことです。

そういう時は、あとでその従業員を呼んで、誠心誠意謝ります。

「あの時、あんなことを言って、本当に悪かった。だから謝らせてください。ごめんなさい」と。

どんな人でも、何かしらの過ちは犯すはずです。その時に、相手が誰であっても誠心誠意、謝る勇気を持つことは、とても大切なことです。それができなければ、人はついてきてくれないでしょう。

今日から行動

素直な心で悪いと思ったら誠心誠意、謝る

Doing 10

許すことを恐れない

私の人生の転機になった出来事があります。

歯科医師になって研修医を終えて2年目の時に、ある先輩歯科医師に殴られて頬を骨折しました。しかし、相手のポジションが高かったこともあり、相手はあまり咎《とが》められず、逆に私のほうが職場に居づらい空気になり、その職場を退職しました。

その後は、その人やその人の周りの人を見返してやろうと、必死に歯科医師として実力をつけようと頑張りました。

しかし今は、その人に腹を立てるよりも、むしろ感謝しています。

あの時殴られたお陰で、その後、仕事をさらに頑張れるようになり、多くの人との出会いが生まれ、海外留学にも繋がりました。

あの経験があったからこそ、自分自身が変わることができたのです。今では現在の自分があるのは、あの人のお陰だとポジティブに捉えています。

しかし、誰かに対しての悲しみや怒りといった負の感情は、なかなか消し去ることができません。許すという行為は、相手だけでなく、自分自身もネガティブな気持ちがなくなることで、気持ちが楽になることがあります。**人を許すことは、相手のためではなく、自分自身のためだと思うことが大切**です。

嫌なことをしてきた相手を恨む日々は、決して楽しいものではありません。誰かに対する怒りや憎しみが頭の片隅にあると何かの拍子に思い出してはイライラしてしまい、余計な気力を使います。

まさに負のスパイラル状態です。

「他人を許せないなんて、自分は心が狭い人間だ…」

そんなふうに悲観的に考えてはいけません。

他人を許せない気持ちを素直に認め、自分自身を許すことで、肩の荷が下りて気持ちが楽になります。私たちは完璧な人間ではありません。自分自身も相手も、まだまだ成長の過程なのです。

信頼していた相手に裏切られた時ほど、裏切られたショックは大きく、なかなか許すことができません。そんな時は、かつて相手があなたにしてくれたことを1つひとつ思い出してみてください。人を許すためには、相手の立場に立って状況や気持ちを考えることも、大事なステップです。もしかすると、当時気づけなかった相手の本心が理解できるかもしれません。

自分にひどいことをした人に対して、いつまでも腹を立てていても、何も生まれません。相手に抱いていたモヤモヤやイライラの感情から解放されることも、人を許すことで得られる大きなメリットです。

許せない自分に落ち込んだり、怒ったりすると精神が不安定になり、疲労もストレスも溜まります。しかし、その人を**許すことができると、自分のセルフイメージが上がり、自分にエネルギーを注げるようになるので、より成長することができます。**

今日から行動

許せない人を思い浮かべて許し、次に進む

Doing 11

現在より高いレベルに身を置く

成功者の多くは、結果的にお金持ちになっている人がたくさんいます。お金持ちの考え方は、普通の人とは異なります。そのため、**お金持ちになりたければ、その考え方を知るために、お金持ちの人々の輪に入って友人になる**ことです。

年収1000万円を目指したいなら年収1000万円の人たちの輪、1000万円に到達したら次は年収3000万円の人たちの輪、次は年収5000万円の人たちの輪、年収1億円の人たちの輪…と、自分よりもお金を持っている人たちのコミュニティに入れるよう努力するのです。

同じお金持ちでも、それぞれのステージによって会話の内容は異なるので、常に自分よりも上のステージの輪に入るようにします。これも「自分の周りにいる5人の平均年収が自分の年収になる」という考え方と同じです。

気をつけたいのは、「お金さえあれば何でもできる」というような人は避けることです。

そういう方はお金という魔物に取りつかれています。

普段はバリバリ仕事をして、気がついたらお金がついてきていた、というような方が良いと思います。あくまでお金は結果です。その人がどれだけ社会にインパクトを与えて感謝されているか。ここが重要です。お金自体はただの紙切れで、あると便利なものに過ぎません。

お金持ちは、資産を自ら築いた人と、資産を受け継いだ人の2種類に分けることができ、それぞれで考え方が若干異なります。

資産を自ら築いた人は、とてつもないエネルギーを持っている人が多いように感じます。それぞれの年収ステージをすべて経験してきているので、話を聞くととても勉強になります。積極的に事業に投資をしていたり、時には非常識な投資をされている方もいます。

一方、資産を受け継いだ2代目や3代目の人たちは、どちらかというと守りが強い人たちが多いようです。引き継いだ資産を守っていくことも、1つのステージです。ある程度の資産を持つまでは、資産を守ることなんて考えもしませんよね。贈与税や相続税などの知識を持っている方が多く、代々いろいろな対策をされています。

自分よりお金を持っている人たちの考え方に触れることは、自分の知らない知識を獲得するチャンスです。

また、お金持ちの輪に入ることで、そのコミュニティの人脈とご縁を繋げてもらうことができるようになります。

それには、**「自分が誰を知っているか」より、「自分が何者かを誰に知ってもらうか」が重要**です。

私の場合であれば、私が歯周病やインプラントの専門家であることを知ってもらい、「歯周病で困っている人がいたら、あの人を紹介してあげよう」と思ってもらうことができれば成功です。自分のことを知ってもらえれば、こちらが情報を与えることができ、さらにご縁を繋いでもらえます。

お金持ちのコミュニティは、待っていても受け入れてはもらえません。自分自身で知識やスキルを身につけて、何かを与えられる存在にならなければ、相手にしてもらえません。人から奪う「テイカー」ではなく、人に与える「ギバー」になることが必要です。

今日から行動

自分からお金持ちや成功者の友人をつくる

Doing 12 相手の良いところを見る

人は、他人の良い点よりも悪い点に意識を向けがちです。

例えば、２つのグレープフルーツがあります。何でもないグレープフルーツAと、少し皮がむけたグレープフルーツBのどちらが気になるかというと、９割がBを選ぶことが研究で証明されています。

つまり、欠けた部分に焦点を当てる人がほとんどだということです。人に対する見方も同じで、一般的には悪い点をどうすれば良くできるかを考えてしまうのです。

以前の私もそうでした。従業員の悪い点が気になり、いつも怒っていたのです。そうすると、会社の雰囲気は悪くなり、従業員からも敬遠されてしまいます。そういう自分が嫌で、どうすれば自分を変えることができるかを考えました。

従業員に怒ってしまう原因は、自分の基準を相手にも当てはめようとしていたことでした。自分にできるのだから、相手にもできると考えていたのです。しかし、相手は自分とは違う人間であり、自分基準で考えてはダメだと思い、考え方を改めました。

「この人はこういう人だから、この人の良いところを引き出そう。そして自分にできない部分をやってもらおう」と考えるようにしたのです。

考えてみれば私自身にも、スケジュール管理やメールの返信など、苦手なことはたくさんあります。そういう不得意なことを無理にやろうとするよりも、良い点を活かすほうがうまくいくものです。苦手なことは、得意な人に任せればいいのです。

仕事でいえば、私自身は経営を考えること、情熱を持って人を引っ張っていくこと、歯周病とインプラントの手術をすることは得意です。そのほかの不得意なことは、得意な人間に任せるようになり、かなりストレスがなくなりました。スケジュール管理は秘書、不得意な治療は得意な先生へといった具合です。

人間関係は、相手の悪い点よりも良い点に着目したほうがうまくいきます。そのための方法が、**相手の良いところと悪いところを同じ数だけ書き出す**ことです。

「同じ数だけ」と決めて、意識して書き出してみることで、普段見逃しがちな良い点に気づくことができます。

ポイントは、悪い点もしっかり書き出すことです。ただ、**悪い点はその人の個性**です。ここを自分視点で正そうとするから、人間関係がうまくいかなくなります。しっかり分析をして、こういう個性があるのだなと理解すればいいのです。

繰り返しますが、**注目すべきは良い点**です。その人の得意なことがわかったら、その人との付き合い方や接し方も変わります。仕事関係の相手であれば、その人の得意なことをしてもらえばいいのです。そうすることで、その人の実力が一番活きます。

今では、誰かに腹が立った時には、必ずその人の良いところと悪いところを同じ数だけ書き出して、良い点に焦点を当てるようにしています。そうすることで、その方の個性と良いところを引き出せるようになります。

今日から行動

何かあったら相手の良い点、悪い点を同数書き出す

おわりに

最後までお読みいただき、ありがとうございました。本書の70項目の中から、自分のために「今日から行動」することを見つけることはできたでしょうか。

とりわけ重要なのは、第1章で取り上げた成功する人の思考法です。謙虚さを持ち続ける、「ありがとう」の達人になる、人を大切にする、大欲を持つ、利他の心で行動する、といった要素は、成功する上でなくてはならないものです。

第4章でも触れたように、読書は最も効率の良い自己投資です。ポイントは、本の中に書いてあることを1つでもいいので実践すること。私も本を読んだら、その中からできることを必ず1つは見つけて実践してきました。

皆さんも、本書から1つでもいいので、できることを見つけて行動に移してください。そしてそれを継続することができれば、自分の考えや行動が徐々に変わっていき、きっと成功に向けて良い変化が起こるはずです。

せっかくお金と時間をかけて読んだ本です。読んで終わり、ではもったいないです。実践するタイミングが早ければ早いほど、複利効果でより大きな成長が期待できます。

お子さんのいる方は、成功するための考え方を子どもの頃から教えてあげてほしいと思います。本書は、私の子供たちに宛てて書いた内容でもあり、わが家の教育方針が反映されている部分もあります。

一方で、人生１００年時代と言われる昨今、50代、60代のシニア世代でも遅いということはありません。65歳でケンタッキーフライドチキンを創業して成功したカーネル・サンダースの例もあります。

人は皆、今日が一番若い日です。本書に書いてあることを実践すれば、その結果は10年後には着実に現れてくると思います。

最後に、本書を出版するにあたり、ご指導いただいた日本実業出版社の安村純さん、私を導いてくださったメンターの方々、私を支えてくれた幸誠会グループの皆さん、そして家族であるあかね、葵菜、南星にこの場を借りて感謝申し上げます。

本書が、読者の皆さんが幸せな人生を送るための一助になれば幸いです。

皆さんの成功を心より願っています。

多保　学

■多保学 Instagramアカウント

多保学の日々の活動を覗くことができます。投稿される行動習慣を見ることで、あなたにとって新しい発見があるかもしれません。

https://www.instagram.com/tabobooks

■多保学 YouTubeチャンネル

多保学の本書籍では載せきれなかった成功へのルーティンや思考法を更新しています。新しい思考法と行動習慣を取り入れ、人生を変えてみませんか。

https://www.youtube.com/@tabobooks

多保　学（たぼ　まなぶ）
歯科医師・日本歯科大学附属病院 総合診療科 臨床准教授・経営コンサルタント。日本歯科大学卒業後に米国ロマリンダ大学に留学。2015年、さいたま市に「たぼ歯科医院」を開業。開業後、全力で患者と向き合う中で経営の難しさに直面。そこで、周りにいる成功者の思考法を取り入れ、考え方や行動の習慣を徹底的に学ぶ。医療技術だけでなく、成功者の思考法を積み重ね行動した結果、医院は年商12億を達成。現在は複数の株式会社を経営し、人々の健康を守る使命のもと、予防歯科の重要性を広める活動や、コンサルティング業を通して経営に悩む歯科医師の支援に尽力している。著書は『0歳から100歳までの これからの「歯の教科書」』（イースト・プレス）、他に専門書の共著書は20冊以上。

• 多保学 Instagramアカウント
https://www.instagram.com/tabobooks

• 多保学 YouTubeチャンネル
https://www.youtube.com/@tabobooks

1億円《おくえん》かけて学《まな》んだ成功《せいこう》する人《ひと》がやっていること

2025年3月10日　初版発行
2025年5月10日　第3刷発行

著　者　多保　学 ©M.Tabo 2025
発行者　杉本淳一

発行所　株式会社日本実業出版社　東京都新宿区市谷本村町3-29 〒162-0845
編集部　☎03-3268-5651
営業部　☎03-3268-5161　振　替　00170-1-25349
https://www.njg.co.jp/

印刷／壮光舎　　製本／若林製本

ISBN 978-4-534-06170-6　Printed in JAPAN